Für Claudi… Ich liebe dich!

Dritte Ausgabe, 2011
Covergestaltung: Steffen Anton
Gesamtherstellung: www.lulu.com

mehr Infos unter www.televisionforchicken.de

ISBN: 978-1-84753-834-5

Vorwort

Wer Filme anschaut, möchte auch darüber reflektieren. Manche tun dies, indem sie sich einfach mit anderen Menschen darüber austauschen, und somit mündlich ihre Meinung über das Gesehene kundtun. Wieder andere werden vielleicht den Drang verspüren, ihre Gedanken niederzuschreiben und gegebenenfalls sogar einer breiten Masse zugänglich zu machen, um diese daran teilhaben zu lassen. Solche Menschen arbeiten oft für Zeitungen oder Zeitschriften, und haben das Glück, dafür bezahlt zu werden. Dann gibt es noch jene, die zwar etwas schreiben, deren Material aber nie veröffentlicht wird, zumindest nicht in papierhafter Form. Das nun vorliegende Werk ist somit die Erfüllung eines lange gehegten Wunsches.

In vier Jahren, zweihundertacht Wochen, eintausendvierhundertsechzig Tagen, oder anders gesagt: in einer Olympiade, kommt eine Menge Text zusammen. Viele Filme wurden gesehen, bewertet, analysiert. Manche nur kurz und knapp, andere wiederum ausführlich. Hier wird selbstverständlich auch der Interessenschwerpunkt des Autors deutlich. Immer wieder wurde versucht, dem geneigten Leser Hintergrund- und Insiderinformationen an die Hand zu geben, so dass er sich im Bedarfsfall weitergehend mit einem Film oder auch Darsteller beschäftigen kann. So kann das Buch auch als praktisches Nachschlagewerk verwendet werden.

Die Meinung des Autors kann sicherlich nicht immer die der Allgemeinheit widerspiegeln. Jedoch kann sie zumindest einen Ausgangspunkt zur kritischen Auseinandersetzung mit dem Medium Film bieten.

Steffen Anton, im Januar 2007

Inhalt

Ab durch die Hecke (Over the Hedge)

USA 2006, Länge: 83 Min.

R: Tim Johnson, Karey Kirkpatrick, Sprecher: Götz Otto, Ralf Schmitz, Jeanette Biedermann, Bernhard Hoecker

Als Schildkröte Verne mit seiner tierischen "Familie" aus dem Winterschlaf erwacht und mit der Futterbeschaffung beginnen will, wartet eine Überraschung: Anstatt des gewohnten Waldes gibt es nun ein von den Menschen geschaffenes Wohngebiet, umzäunt von einer riesigen Hecke. Waschbär Richie hat jedoch einen tollkühnen Plan: um an Nahrungsmittel heranzukommen, muss man einfach in die Behausungen der Menschen hinein spazieren und sich dort nach Herzenslust bedienen. Schon bald hat der vorsichtige Verne als Anführer ausgedient, und die Tiere folgen Richie! Dieser hat jedoch seine eigenen Absichten, da ihm ein wütender und hungriger Bär im Nacken sitzt...

"Over the Hedge" ist in den USA eine beliebte Serie von Comic-Strips in Tageszeitungen, hierzulande jedoch eher unbekannt. Die momentane, fast schon etwas nervige Flut an computeranimierten Trickfilmen verhilft auch den Heckenbewohnern zu ihrem großen Leinwandauftritt. Verantwortlich für die Verfilmung sind Dreamworks, die auch "Shrek" und "Madagascar" produziert haben. Die Konstellation der niedlich animierten Charaktere ist die übliche, die Story enthält aber eine gehörige Portion an bissiger Gesellschaftskritik, indem beispielsweise die Essgewohnheiten der Menschen aufs Korn genommen werden. Trotzdem muss man nicht allzu viel nachdenken, und es macht einfach Spaß, den Film anzuschauen. Der slapstickartige Humor sorgt nämlich für einen unbeschwerten Genuss. Spätestens wenn das hyperaktive Eichhörnchen Hammy einen Energydrink verabreicht bekommen hat, gibt es kein Halten mehr auf dem Kinosessel. Wer "Ice Age" mochte, dem wird auch auch "Ab durch die Hecke" gefallen!

Abgefahren

D 2004, Länge: 87 Min.

R: Jakob Schäuffelen, D: Felicitas Woll, Sebastian Ströbel, Rebecca Mosselmann, Nina Tenge, Sissi Perlinger

Im Fahrwasser von „The fast and the furious" entstand neben der Computerspiel-Verfilmung „Autobahnraser" noch ein weiteres deutsches Plagiat. Der Titel: „Abgefahren". Abgefahren ist wohl auch der Zug für sämtliche Beteiligte an diesem Film.
Die „Handlung" ist in einem Satz erzählt: Die autobegeisterte Mia (Felicitas Woll) lernt eine Gruppe junger Leute kennen, die illegale Autorennen veranstalten und verliebt sich in „Cosmo" (Sebastian Ströbel), einen der Raser.

Der Konkurrenzfilm „Autobahnraser" war schwaches Mittelmaß bot jedoch noch einige lustige Szenen und vermittelte noch teilweise das Flair von schnellen Autos. „Abgefahren" hingegen ist eine Aneinanderreihung von dummen Klischees, schlechten Dialogen und platten Witzen. Eine Frechheit, dem Zuschauer so einen Film zuzumuten, und eine Schande, dass deutsche Jungschauspieler bereit sind, darin mitzuwirken. Nicht einmal die Rennszenen wissen einen vom Hocker zu hauen.

Alien vs. Predator

GB/CAN/D/CZ 2004, Länge: 104 Min.

R: Paul Anderson, D: Sanaa Lathan, Raoul Bova, Lance Henriksen, Ewen Bremner, Colin Salmon, Tommy Flanagan, Joseph Rye, Agathe de la Boulaye, Carsten Norgaard, Sam Troughton, Tom Woodruff jr.

Was schon lange als Comic existiert, hat nun den Weg auf die Leinwand gefunden: der Kampf zwischen den Aliens, die seit 1979 in vier Filmen ihr Unwesen treiben und dem Predator, der es bis jetzt auf zwei Filme gebracht hat. Ein gewisser Trend zu diesen so genannten Crossovers zeichnet sich schon seit einiger Zeit ab, bedenkt man zum Beispiel etwa "Freddy vs. Jason". Meistens jedoch schadet es aber dem Image beider Figuren, da das ganze schon eher auf das maximale Erzielen von Profit ausgerichtet ist, und die ursprünglichen Macher nicht mehr allzu viel mit dem Film zu tun haben. Und wie sollte ein solches Experiment auch glaubwürdig durchgeführt werden? Immerhin prallen ja zwei komplett verschiedene Universen aufeinander. Daher war die Spannung vor dem Film recht groß, die Erwartungshaltung aber eher gering.

Die Handlung ist in der Gegenwart angesiedelt: als eine Forschungsstation aus der Antarktis seltsame Signale und Wärmequellen ortet, wird ein Team aus Spezialisten ausgesandt, um den Ursachen nachzugehen. Man entdeckt uralte Pyramiden tief unter dem Eis. Was die Forscher dort jedoch erwartet, ist das nackte Grauen: anscheinend handelt es sich um ein "Trainungscamp" für junge Predatoren, ihre Übungsgegner sind Aliens, denen die Menschen als Wirte dienen sollen.

Die Erwartungen an den Film werden überwiegend erfüllt. Der Spezialist für Videospielverfilmungen Paul Anderson saß auf dem Regiestuhl und hat das Drehbuch geschrieben. Das merkt man dem Film auch an: sehr dünne Handlung, viel Action und blasse Charaktere. Keine Spur mehr von der akribischen Arbeit der Regieprofis Ridley Scott oder James Cameron, keine klaustrophobische Atmosphäre, vorhersehbare Sequenzen. Wusste schon der vierte Teil der Alien-Saga nicht zu überzeugen, ist nun endgültig die Luft raus, aus der Thematik. Zugegeben, einige Szenen der direkten Konfrontation zwischen Alien und Predator haben einen gewissen Reiz, jedoch hat man sich schnell daran satt gesehen. Einzig der erneute Auftritt der Alien-Königin weckt alte, positive Erinnerungen.

Ernsthafte Anhänger von Alien oder Predator werden den Film nicht als wirkliche Fortsetzung betrachten und ihn unter "ferner liefen" abhaken. Alle anderen können sich auf 90 actionreiche Minuten freuen.

Alone in the Dark

USA 2004, Länge: 96 Min.

R: Uwe Boll, D: Christian Slater, Tara Reid, Stephen Dorff, Frank C. Turner, Matthew Walker

Computerspielverfilmungen sind nicht erst seit "Tomb Raider" eine durchaus akzeptable Einnahmequelle für Produzenten. Schon Anfang der Neunziger tummelten sich die Helden aus "Streetfighter" und die Mario Brothers auf der Leinwand. In den letzten Jahren gab es jedoch nochmals einen regelrechten Boom, und so wundert es nicht, dass "Alone in the dark", das als Wegbereiter eines ganzen Genres gilt, aufgegriffen und verfilmt wurde. Die Spielereihe dreht sich um Edward Carnby, der sich durch düstere Gebäude bewegt, Rätsel lösen muss, und dabei von grausigen Kreaturen belästigt wird. Dieses Konzept wurde dann mit "Resident Evil" und "Silent Hill" konsequent fortgeführt, jedoch wurde nach der Meinung vieler Anhänger nie wieder die atmosphärische Dichte des Originals erreicht.

Die Handlung des Films hat nichts mit der Spielereihe zu tun, lediglich der Hauptakteur Edward Carnby (Christian Slater) wurde übernommen. Dieser, seines Zeichens Forscher für paranormale Ereignisse, kommt dem alten Volk der Abkani auf die Spur, welches es geschafft hatte, ein Tor zur Schattenwelt zu öffnen, und daraufhin komplett ausgelöscht wurde. Aber auch Carnbys eigene Vergangenheit scheint etwas damit zu tun zu haben, gehört er doch zum Kreis von 20 Personen, die alle im gleichen Waisenhaus aufgewachsen sind, und mit denen furchtbare Experimente durchgeführt wurden...

Die Story hört sich ja beim Lesen gar nicht mal so uninteressant an, könnte man denken. Und auch Darsteller wie Christian Slater lassen normalerweise Hoffnung auf einen guten Film aufkeimen. Jedoch spätestens der Regisseur Uwe Boll müsste die Alarmglocken im Hirn eines jeden Kinofreundes schrillen lassen. Er zeichnet für das von allen Seiten kritisierte "House of the dead" verantwortlich, ebenfalls eine Videospielverfilmung. Und auch die Tatsache, dass "Alone in the dark" eine deutsche Koproduktion ist, macht ein wenig Angst, denn mal im Ernst: wann hat man schon einmal einen wirklich guten deutschen Horrorfilm gesehen?
Die schlimmsten Befürchtungen werden beim Anschauen wahr: Christian Slater wirkt völlig deplatziert und orientierungslos, aber was soll der gute auch tun bei

einem derart schlechten Drehbuch? Aus allerlei Filmen wurde da zusammengeklaut, sei es nun "Aliens", "Resident Evil" oder "Matrix" (die unvermeidliche Kugel in Zeitlupe!). Dumme Dialoge ("manche Türen bleiben besser für immer verschlossen "), billige CGI-Monster und unglaubwürdige Charaktere runden das Süppchen raffiniert ab. Nichts ist von der klaustrophobischen Atmosphäre und der düsteren Stimmung der Spiele zu erkennen, die einzige Gemeinsamkeit ist in der Tat der Name Edward Carnby. Was hätte man alles aus der Idee machen können. Ein gebrochener, psychisch labiler Hauptdarsteller, der in einem alten viktorianischen Irrenhaus seltsame Dinge erlebt, so etwas hätte man sich vorgestellt. Nicht aber diesen Humbug, der uns hier angetan wird. Und das Ende (Achtung, aus "Resident Evil" geklaut, welches wiederum auch schon vom Klassiker "Day of the dead" geklaut war...) lässt das schlimmste befürchten, nämlich eine Fortsetzung!

Apocalypto

USA 2006, Länge: 138 Min.

R: Mel Gibson, D: Rudy Youngblood, Dalia Hernandez, Jonathan Brewer, Morris Bird, Raoul Trujilo

Je älter Mel Gibson wird, desto eigensinniger wird er anscheinend als Filmemacher. Mit „Die Passion Christi" brachte er uns seine religiöse Einstellung näher, und stieß viele, sowohl Christen als auch Juden, vor den Kopf. Die explizite Gewaltdarstellung und die Tatsache, dass der Film, um authentischer zu wirken, in Originalsprache gedreht und lediglich mit Untertiteln versehen wurde, machten ihn ebenfalls zu einem sperrigen Brocken. Doch Gibson lässt sich auf seinem mit Alkoholexzessen gespickten Selbstfindungstrip durch nichts und niemand aufhalten.

Als nächstes Thema hat er sich eines ausgesucht, welches bisher sträflich vernachlässigt wurde von der Filmindustrie. In „Apocalypto" bekommen wir nämlich einen Einblick in die Kultur der Maya des 16. Jahrhunderts, kurz vor der Entdeckung Amerikas durch die Spanier. Der Film wurde, wie sollte es auch anders sein, komplett in der Sprache der Maya gedreht und fürs deutsche Kino untertitelt. An Originalschauplätzen in Mexiko gedreht, und ausschließlich mit unbekannten Darstellern besetzt, bietet der Film ein Höchstmaß an Authentizität. Erzählt wird die Geschichte von „Jaguar-Pranke", der in einem kleinen Maya Dorf mitten im Dschungel lebt. Eines Tages wird das Dorf von einem feindlichen Stamm überfallen und alle Bewohner werden entweder getötet oder verschleppt. Die Überlebenden sollen in einer nahe gelegenen Maya-Stadt den Göttern geopfert werden. Doch „Jaguar-Pranke" gelingt die Flucht, und er macht sich auf den beschwerlichen Weg zurück, um seine Familie zu retten.

Was Gibson gut kann, ist die ungeschönte Darstellung von körperlicher Gewalt. Das hat man schon in seinen früheren Filmen, etwa „Braveheart", gesehen, an den übrigens einige Szenen erinnern. Was er ebenfalls beherrscht, ist das Einfangen von spektakulären und epischen Bildern, gepaart mit einer spannenden Geschichte.
Weniger gut gelungen ist ihm jedoch dieses Mal, eine emotionale Bindung zwischen dem Hauptakteur und den Zuschauern herzustellen. Es ist zwar schrecklich, die Abschlachtung der Dorfbewohner mit anzuschauen, überall

schreien Frauen und weinen Kinder, jedoch will der Funke irgendwie nicht überspringen. Vielleicht liegt das aber daran, dass der beleuchtete Kulturkreis uns einfach zu fremd ist, um wirklich Emotionen hervorzurufen.

Lässt man diese zwischenmenschliche Komponente einmal weg, bleibt ein faszinierender, andersartiger Abenteuerfilm, der manchmal ein wenig an Einzelkämpferfilme wie „Rambo" erinnert, und einen bis zum Schluss an den Kinosessel fesselt. Das Happy End ist dann auch kein wirkliches, denn die Ankunft der fremden weißen Männer, die dem Zuschauer natürlich wohl bekannt sind, ist alles andere als eine Erlösung, wie wir aus der Geschichte wissen.

Autobahnraser

D 2004, Länge: 90 Min.

R: Michael Keusch, D: Luke J. Wilkins, Niels Bruno Schmidt, Kristian Erik Kiehling, Alexandra Neldel, Henriette Richter-Röhl, Manuel Cortez, Franz Dinda, Collien Fernandes, Ivonne Schönherr, Thomas Heinze

Auf dem gleichnamigen Computerspiel basiert dieser Film von Michael Keusch . Schon der Trailer machte Lust auf mehr und versprach eine nette Komödie im Stil von „The fast and the furious".

Die Polizei scheint machtlos gegen Autoschieberbanden und illegal veranstaltete Rennen. Ausgerechnet der tollpatschige Jungpolizist Karl-Heinz (Luke J. Wilkins) hat die zündende Idee: er mischt sich quasi undercover unter die jugendlichen Raser, um diese dingfest zu machen. Dabei macht er zwei Feststellungen: die Veranstalter der „Grillfeste", also der illegalen Rennen, haben nichts mit den professionellen Autoschmugglern zu tun, und: es macht einen Riesenspaß mit 240 Sachen über die Autobahn zu bügeln. Zusammen mit seinen neu gewonnenen Freunden bringt der die Schmuggler schließlich zur Strecke.

Wer den Trailer kennt, hat eigentlich alle wirklich witzigen Stellen schon gesehen. Das allgemeine Niveau des Humors bewegt sich auf der untersten Stufe, für einige Gags sollten sich die Drehbuchautoren wirklich schämen. Auch der Plot ist wirklich dünn, was aber auch kein Wunder ist, denn wie schon eingangs erwähnt basiert er auf einem Computerspiel. Die gleichen Erfahrungen mussten auch schon die Macher von „Streetfighter" und „Mortal Kombat" machen. Gerade zum Ende hin wirkt die Story dann auch etwas künstlich aufgebläht.
Es wimmelt nur so von Klischees, die Polizisten sind immer die Dummen und Autoschmuggler kommen immer aus Russland. Angereichert wird das ganze mit einer für einen deutschen Film ungewöhnlich großen Portion Action. Wer jedoch die Serie „Alarm für Cobra 11" kennt, hat solche Szenen schon im Dutzend auf dem Fernsehbildschirm gesehen.
Dass „Autobahnraser" trotzdem einigermaßen Spaß macht, liegt an dem Lebensgefühl, das er vermittelt, und das sicherlich nur die jüngeren Zuschauer wirklich verstehen können. Es gibt dicke, aufgemotzte Schlitten, schöne Mädels und laute Musik auf Parkplätzen. Immer wenn die Autos im Spiel sind, hat der Film seine stärkeren Momente.

Bad Boys II

USA 2003 , Länge: 146 Min.

R: Michael Bay, D: Will Smith, Martin Lawrence, Gabrielle Union, Henry Rollins, Joe Pantoliano, Tom Hillmann, Theresa Randle, Gino Salvano, Bubba Baker, Chris Astoyan, Jon Beshara, John Cenatiempo

Frage: Woran erkennt man einen Jerry-Bruckheimer-Film? Antwort: einen Jerry-Bruckheimer-Film erkennt man an einer meistens sehr flachen Handlung und einem Übermaß an Action, gewürzt mit einem Schuss Pathos bzw. Patriotismus. (gern auch beides) Man kann es drehen wie man möchte: diese Gesetzmäßigkeiten lassen sich auf fast jeden der von ihm produzierten Filme anwenden. Warum sollte also „Bad Boys II“ eine Ausnahme bilden?

Mike Lowrey und Marcus Burnett, gespielt vom Dream Team aus Teil 1, Will Smith und Martin Lawrence, sind wieder unterwegs, den Kriminellen dieser Welt in den Arsch zu treten. Während Will Smith sich nach dem ersten Film, der mittlerweile schon 8 Jahre auf dem Buckel hat, von einem Blockbuster zum nächsten gespielt hat, musste sich Lawrence allenfalls mit zweitklassigen Rollen zufrieden geben. Jetzt sind sie aber wieder vereint, und das ist, was zählt! Zur Handlung des Streifens gibt es eigentlich nicht viel zu sagen, und das interessiert sicherlich auch niemanden. Es geht um einen kubanischen Drogenboss, der am liebsten ganz Nordamerika mit Ecstasy überschwemmen würde. Als er dann auch noch Burnett's Schwester (Gabrielle Union), gleichzeitig Lowrey's Freundin, entführt, verstehen die bösen Jungs wirklich keinen Spaß mehr. Was folgt, ist eine furiose Achterbahnfahrt, gespickt mit dem typischen Buddy-Humor, der die beiden Hauptdarsteller auszeichnet.

Die eingangs erwähnte Gesetzmäßigkeit soll sich auch hier wieder bewahrheiten. Man kommt vor lauter Action kaum zum Luft holen. Die wilde Verfolgungsjagd auf dem Highway ist dann fast schon wieder zu spektakulär geraten, man bekommt den Eindruck, die Produzenten und Regisseure wollen sich mit solchen Szenen momentan gegenseitig toppen. (Matrix 2, Terminator 3) Es gibt einige wirklich witzige Szenen der Situationskomik zwischen Smith und Lawrence, manchmal wirken die Gags jedoch aufgesetzt, etwa nachdem Burnett versehentlich zwei Ecstasy-Pillen geschluckt hat. Hier ist auch die Verharmlosung der Wirkung dieser Droge fragwürdig.

Bleibt noch zu sagen, dass der Film einen Tick zu lang geraten ist. Zwar wird einem nie langweilig, jedoch ist es irgendwann einmal zu viel des guten, und man wünscht sich nur noch den Abspann.

Barbershop 2

USA 2004, Länge: 106 Min.

R: Kevin Rodney Sullivan, D: Ice Cube, Cedric The Entertainer, Sean Patrick Thomas, Eve, Troy Garity

Erinnern wir uns: in Teil eins wollte ein fieser Geschäftsmann Calvin (Ice Cube) zwingen, seinen kleinen Frisörladen zu verkaufen. Am Ende konnte dies erfolgreich abgewehrt werden. Und nun? Welch Überraschung, in der Fortsetzung passiert genau das gleiche! Gegenüber vom "Barbershop" soll ein hipper neuer Frisörladen eröffnet werden, und der kann keine Konkurrenz gebrauchen. Also wird Calvin erneut ein Angebot gemacht. Ob er widerstehen kann?

Es gibt Filme von denen man sich wünscht dass sie nie gedreht worden wären. Genauso ein Film war „Barbershop". Wenn von solchen Filmen sogar ein zweiter Teil ins Kino kommt, beginnt man, seinen Glauben an das Gute im Menschen zu verlieren. Zugegeben: Ice Cube war/ist ein genialer Texteschreiber und Rapper. Aber als Schauspieler konnte er noch nie richtig überzeugen, außer vielleicht in "Boyz 'n the Hood", dort allerdings war seine Rolle auf ihn zugeschnitten. Als Frisör jedoch ist er die totale Fehlbesetzung.

Während der Vorgänger wenigstens noch seine witzigen Momente hatte, ist Teil zwei einfach nur schlecht und langweilig. Zudem muss man sich fragen: gibt es eigentlich ein belangloseres Filmthema als eine Geschichte über einen Frisörladen? Wohl kaum.

Batman Begins

USA 2005, Länge: 134 Min.

R: Christopher Nolan, D: Christian Bale, Ken Watanabe, Cillian Murphy, Morgan Freeman, Michael Caine, Liam Neeson, Gary Oldman, Katie Holmes, Tom Wilkinson, Rutger Hauer, Sara Stewart, Richard Brake

Lange dachte man, es wäre aus mit dem schwarzen Ritter. Und so schien es auch, nach dem unsäglichen, knallbunten "Batman & Robin". Jetzt jedoch schickt sich der neben Superman und Spider-Man wohl bekannteste Superheld an, erneut die Leinwand zu erobern. Das Potential ist auf jeden Fall vorhanden. Immerhin muss Batman ohne Superkräfte auskommen und wandert auf dem schmalen Grat zwischen Rache (für den Tod seiner Eltern) und Gerechtigkeit. Das macht ihn einzigartig und interessant. Und mit Christopher Nolan ("Memento") wurde ein Regisseur verpflichtet, der es vielleicht schaffen kann, mit Tim Burton gleichzuziehen, der für die düster-gotischen ersten beiden Batman-Filme verantwortlich war.

Die Handlung trägt dem momentanen Trend zur Erzählung von Vorgeschichten ("Exorzist - der Anfang", "Star Wars - Episode 1") Rechnung und lässt den Zuschauer an der Entstehung des Fledermausmannes teilhaben. Die Eltern des kleinen Bruce Wayne werden vor dessen Augen von einem Gangster erschossen. Von da an schwört sich dieser, Rache zu nehmen und sein Leben der Verbrechensbekämpfung zu widmen. Einige Jahre später lernt er auf einer Asienreise von Ninja-Meister R'as Al-Ghul zu kämpfen, und sich seinen Ängsten zu stellen. Zurück in seiner Heimatstadt Gotham City muss er feststellen, dass diese von Korruption und Verbrechen durchzogen und zu einem wahren Sündenpfuhl geworden ist. Von nun an ist der Millionenerbe Bruce Wayne aus Batman unterwegs, um der Unterwelt das Fürchten zu lehren.

Offensichtlich war Christopher Nolan genau der Richtige für den Job als Regisseur. Gotham City erscheint finster wie selten zuvor (man denke nur an das "Arkham Asylum") und es werden angenehme Erinnerungen an Tim Burtons Erstling wach. Allerdings kommt "Batman Begins" viel wuchtiger und archaischer daher. Das liegt sicherlich auch am neuen Kostüm und der imposanten Erscheinung von Christian Bale, der für seine Rolle 50 kg Muskelmasse antrainiert hat. Auch das Batmobil ist nicht mehr das schlanke,

futuristische Vehikel der alten Filme, sondern eher mit einem Panzer vergleichbar.
Die Wahl der Darsteller ist als durchweg positiv zu bezeichnen, wenn man vielleicht einmal von Katie Holmes absieht, die doch eher in einen Film wie "Spider-Man" gepasst hätte. Christina Ricci wäre hier vielleicht die bessere Wahl gewesen. Doch wirkt sich dies nur wenig störend auf den Gesamteindruck aus.
Mindestens die Hälfte des Films wird übrigens verwendet, die Psyche von Bruce Wayne zu beleuchten und die inneren Beweggründe für seine Handlungen deutlich zu machen. Das ist natürlich eine lange Zeit, wenn man eigentlich auf die gewohnte Batman-Action wartet. Jedoch ist es auch eine interessante Sichtweise, einmal hinter die Kulissen des Helden zu blicken. Und dann wird der Actionfan doch noch belohnt, denn die letzte halbe Stunde besteht aus einem wahren Feuerwerk von Verfolgungsjagden und Explosionen. Was wäre noch zu sagen? Vielleicht, dass mit der "Vogelscheuche" ein interessanter Bösewicht eingeführt wurde, der leider viel zu wenig Leinwandzeit bekommen hat.

Mr. Nolan hat (fast) alles gut gemacht, und am Ende wird sogar noch der Bogen zu den älteren Filmen geschlagen. Bleibt abzuwarten, ob die Zuschauer ähnlich begeistert sind, und wir uns auf eine Fortsetzung freuen dürfen.

Big Fish

USA 2003, Länge: 120 Min.

R: Tim Burton, D: Ewan McGregor, Steve Buscemi, Danny DeVito, Billy Crudup, Albert Finney, Jessica Lange, Helena Bonham Carter, Allison Lohman, Jeff Campbell, Jonathan Castile, Trevor Gagnon

Zwei Namen in Hollywood werden oft in einem Atemzug genannt: Danny Elfman und Tim Burton. Letzterer, seines Zeichens Regisseur von Filmen wie „Batman", „Edward mit den Scherenhänden" oder „Sleepy Hollow", ist für seinen ganz speziellen Stil bekannt, den man nicht beschreiben kann, sondern einfach gesehen haben muss. Düster und märchenhaft geht es meist in seinen Werken zu. Entweder man liebt ihn dafür, oder man hasst ihn. In den Credits von „Big Fish" findet man den anderen anfangs erwähnten Künstler: Danny Elfman, Haus- und Hofmusiker von Burton. Mit seinen Kompositionen unterstreicht er perfekt die Stimmung, die in Burtons Filmen erzeugt wird. Und so wird jeder dieser Filme zu einem kleinen Wunder!

„Big Fish" erzählt die Geschichte von Edward Bloom (Ewan McGreogor) in zwei Handlungssträngen. Sein Lebenslauf, beginnend in einer Kleinstadt, nimmt immer wieder turbulente Wendungen. Dabei erlebt er nahezu unglaubliches, begegnet beispielsweise einer Hexe die in die Zukunft blicken kann, einem waschechten Riesen und anderen seltsamen Personen. Er verliebt sich in eine Frau, tut alles, um sie für sich zu gewinnen, kämpft im Vietnamkrieg, bekommt schließlich einen Sohn. Dabei kommt es immer wieder zu absurden Ereignissen. Der zweite Handlungsstrang spielt in der Gegenwart, der alt gewordene Edward (Albert Finney) erzählt seiner frischgebackenen Schwiegertochter und jedem, der es hören will, von seinem aufregenden Leben in kurzweiligen Geschichten. Dadurch hat er sich im Laufe der Jahre immer mehr von seinem Sohn Will (Billy Crudup) entfernt, der ihn für einen Lügner hält. Immer stand der Vater im Mittelpunkt, und das wurmt den Sohnemann natürlich.
Wie ein roter Faden zieht sich dabei der „big fish" durch die Handlung, der als Sinnbild für Edward selbst stehen soll. Er verdeutlicht, das der Mensch große Dinge erreichen kann, wenn er es nur will. Und dass in jeder Lüge ein Körnchen Wahrheit enthalten ist.

Schon der Trailer der Films hat eine nahezu magische Wirkung. Und genau dieser Eindruck wird durch den Film bestätigt: die Handlung ist zwar nicht so

zielgerichtet und bedeutungsschwanger wie in manch anderen Filmen, dafür bekommt der Zuschauer aber eine wunderschöne kleine Geschichte mit tollen Bildern und fantastischen Darstellern geboten. Vor allem die Nebenrollen sind mit Danny DeVito und Steve Buscemi grandios besetzt. Und Albert Finney könnte rein äußerlich wirklich der „alte" Ewan McGregor sein!
Wie aber soll man den Film einordnen? Am treffendsten wohl als Tim Burton's märchenhafte Version von Forrest Gump. Am Ende wird dann zwar nochmal auf die Tränendrüse gedrückt, aber das kann man dem Regisseur verzeihen. Fazit: Tim Burton zeigt nach dem eher mittelmäßigen Planet-der-Affen-Remake, dass er es noch kann: Magie auf die Leinwand bannen!

Big Mamas Haus 2 (Big Momma's House 2)

USA 2005, Länge: 99 Min.

R: John Whitesell, D: Martin Lawrence, Nia Long, Emily Procter, Zachary Levi, Mark Moses, Kat Dennings, Chloe Moretz, Dan Lauria

FBI-Agent Malcolm Turner (Martin Lawrence) ist einer Hackerbande auf der Spur, die mit ihren Computerviren die nationale Sicherheit bedrohen. Als er vom Dienst suspendiert wird, ermittelt er auf eigene Faust weiter. Perfekt getarnt als "Big Mama", schleust er sich bei dem Hauptverdächtigen Tom Fuller (Mark Moses) als Kindermädchen ein. Die drei anstrengenden Kinder sind jedoch nicht Turners einziges Problem: Seine schwangere Freundin Sherry (Nia Long) kommt dem Doppelspiel auf die Schliche, und ist alles andere als begeistert!

Wenn man den Film in einem Satz beschreiben müsste, würde es "Mrs. Doubtfire" meets "Der verrückte Professor" wohl am besten treffen. Die Maskenbildner haben eine wahrlich reife Leistung vollbracht, indem sie Komiker Martin Lawrence bis zur Unkenntlichkeit in die übergewichtige "Big Mama" verwandelten. Deshalb schon einmal Respekt vor dieser Leistung, und vor der des Hauptdarstellers, der im Kostüm schwitzen musste!

Alles andere hat man schon einmal irgendwo gesehen, der typische "Schwarzenhumor", bekannt aus diversen Filmen wie "Barbershop" trifft auf platte Kalauer der übelsten Sorte. Allein Martin Lawrence sorgt dafür, dass der Film nicht vollends abdriftet. Zur Qualität der Handlung braucht wohl nicht viel gesagt werden, aber darum geht es ja sowieso nicht!

Der blinde Samurai (Zatôichi)

JPN 2003, Länge: 116 Min.

R: Takeshi Kitano, D: Takeshi Kitano, Tadanobu Asano, Michiyo Ogusu, Yui Natsukawa, Guadalcanal Taka

Takeshi Kitano ist hierzulande höchstens durch die Gameshow "Takeshi's Castle" bekannt geworden. Dass er aber ein begnadeter Regisseur ist ("Hana-Bi"), und sogar von Quentin Tarantino bewundert wird, wissen die wenigsten. Mit "Der blinde Samurai", den er fast im Alleingang (Buch/Regie/Hauptrolle) geschaffen hat, legt er erneut einen ungewöhnlichen Film vor.

Es wird die Geschichte eines blinden Masseurs erzählt, der zudem gut mit dem Schwert umgehen kann und ein japanisches Dorf vor einer Bande von Geldeintreibern beschützt. Die Handlung basiert auf einer japanischen Fernsehserie, die dort ein regelrechter Dauerbrenner war. Die fast schon comicartige Gewaltdarstellung (Blut wird mit Computeranimationen erzeugt), die teilweise poetischen Bilder und eine gehörige Portion Humor machen das Anschauen zu einem besonderen Ergebnis der nicht alltäglichen Art. Trotzdem wird es sicherlich einige geben, die mit dem Film nichts anfangen können. Tipp: Anschauen und selbst urteilen!

Blueberry und der Fluch der Dämonen (Blueberry)

F/MEX/GB 2004, Länge: 124 Min.

R: Jan Kounen, D: Vincent Cassel, Juliette Lewis, Michael Madsen, Tcheky Karyo, Colm Meaney, Ernest Borgnine

Eine Kleinstadt im Wilden Westen: Greenhorn Mike Blueberry (Vincent Cassel) verliebt sich in eine junge Prostituierte. Diese wird jedoch vom schmierigen Outlaw Blount (Michael Madsen) für sich beansprucht. Es kommt zu einer Schießerei, in deren Verlauf das Mädchen getötet und Mike schwer verwundet wird. Er kann sich in die Wüste retten und scheint dort dem Tode geweiht. Jedoch wird er von indianischen Schamanen gefunden und ins Leben zurückgeholt. Einige Zeit später geht er in die Stadt zurück und wird dort Marshall. Als Blount wieder auftaucht, kommt es erneut zum Konflikt.

Eine krude Mischung aus Jim Jarmuschs Mystik-Western "Dead Man" und "Matrix" wird uns hier präsentiert. Die Story basiert auf Comics des französischen Zeichners Möbius, der für seine teils surrealistischen Werke ja bekannt ist.
Irgendwie fragt man sich die ganze Zeit, wann es denn endlich losgeht mit der Handlung, wann der Film in Fahrt kommt. Leider bleibt das bis zum Abspann so. Am Ende wird das ganze dann so psychedelisch, dass man völlig den Faden verliert und am liebsten nur noch schlafen möchte. Schade eigentlich, da das Potential schon allein aufgrund der eigentlich guten Darsteller durchaus vorhanden gewesen wäre.

Borat (Borat: Cultural Learnings of America for make Benefit Glorious Nation of Kazakhstan)

USA 2006, Länge: 84 Min.

R: Larry Charles, D: Sacha Baron Cohen, Ken Davitian, Pamela Anderson

Um den neuen Film des auch als "Ali G." bekannten britischen Komikers Sacha Baron Cohen wurde im Vorfeld viel Rummel gemacht. "Borat" ist nämlich das zweite Alter Ego des Darstellers, ein kasachischer TV-Reporter, der sich auf eine Reise in die USA begibt, um dort die Lebensweise der Amerikaner kennen zu lernen. Mehr ist zur Handlung eigentlich nicht zu sagen, da der Film quasi wie ein Dokumentarfilm gedreht wurde, und aus einer Aneinanderreihung der schon aus "Ali G." bekannten Interviews und Sketche besteht. Das interessante ist dabei nicht etwa der platte Humor, der häufig auf Kosten von Minderheiten geht, sondern die entlarvenden Statements, die Cohen den unwissenden Amis entlockt und damit deren Mentalität und Einstellung zu gewissen gesellschaftlichen Themen bloßstellt und anprangert. So erfahren wir beispielsweise, dass viele US-Bürger nichts von Schwulen halten und den Terrorkrieg von George W. Bush glorifizieren. Das war uns aber natürlich auch vorher schon klar, denn wie sonst sollte Bush wohl ein zweites Mal die Wahl gewonnen haben?
Auffällig sind die vielen Seitenhiebe auf die Juden, die für einen deutschen Zuschauer teilweise wie ein Schlag in die Magengrube wirken. Da Cohen aber selbst jüdischer Abstammung ist, nimmt man es ihm nicht mehr ganz so übel und es stellt sich die Frage, ob dieses Tabu in Zukunft vielleicht öfter gebrochen wird, weil Cohen "den Weg geebnet" hat und ob die Juden vielleicht nicht auch darüber lachen können, wie es die Schwulen ja auch teilweise tun. Auf jeden Fall wird Borat sicher noch für viele Diskussionen sorgen.

Wer Ali G. mochte, der wird auch mit Sicherheit Cohens neuen Film lieben. Jedoch ist schon jetzt klar, dass sein Humor nicht jedermanns Sache ist.

Cabin Fever

USA 2002, Länge: 93 Min.

R: Eli Roth, D: Rider Strong, Jordan Ladd, Cerina Vincent, James DeBello, Joey Kern

Prominente Fürsprecher wie Quentin Tarantino und Peter Jackson haben dafür gesorgt, dass „Cabin Fever" mittlerweile nicht nur eingefleischten Horrorfans ein Begriff ist. Dementsprechend groß ist natürlich dann auch die Erwartungshaltung beim Anschauen.

Worum geht es? Die unvermeidliche Gruppe junger Menschen begibt sich im Rahmen eines Wochenendausflugs zu einer einsamen Waldhütte, um dort Party zu machen. Die Idylle wird jedoch von einem Landstreicher gestört, der mit irgendeiner Hautkrankheit infiziert ist. Kurzerhand wird der Eindringling unter Gewaltanwendung verjagt, und alles scheint wieder normal zu sein. Jedoch hat sich offensichtlich eins von den Mädels angesteckt, jedenfalls zeigt sie alle Symptome, ebenfalls die rätselhafte Krankheit zu haben. Deshalb wird sie von ihren Kameraden in einen Schuppen gesperrt, um eine weitere Ausbreitung zu verhindern. Doch dazu scheint es zu spät zu sein, denn nach und nach trifft es einen nach dem anderen, und die Ereignisse überschlagen sich, bis hin zum bitterbösen Ende.

Na gut, wahnsinnig originell ist die Story ja nicht gerade. Erinnerungen an Sam Raimis "Evil Dead" sowie an "Wrong Turn" werden wach. Das Ende wurde ganz dreist von "Night of the living dead" geklaut, jedoch noch auf eine gewisse Art verfeinert. Mehr soll an dieser Stelle nicht verraten werden. Trotzdem macht der Film über weite Strecken viel Spaß. Die sarkastische Sichtweise der Dinge, verbunden mit der Tatsache, dass es ja eigentlich weder Monster, noch einen verrückten Killer gibt, machen "Cabin Fever" zu einer momentan recht einzigartigen Angelegenheit. Auch wenn es mittlerweile recht nervig ist, dass in fast jedem neueren Horrorfilm eine Gruppe junger, schöner Menschen im Mittelpunkt steht, die es dann meistens auch noch in einen Wald verschlägt, und die nach dem Zehn-kleine-Negerlein-Prinzip den Tod finden. Tipp: Auf jeden Fall anschauen, und wenn es auch nur ist, um mitreden zu können!

Charlie und die Schokoladenfabrik (Charlie and the Chocolate Factory)

USA 2005, Länge: 110 Min.

R: Tim Burton, D: Johnny Depp, Freddie Highmore, David Kelly, Helena Bonham Carter, Noah Taylor, James Fox, Missi Pyle, Christopher Lee, Annasophia Robb , Jordan Fry, Julia Winter, Philip Wiegratz

Das bewährte Team aus Tim Burton (Regie), Johnny Depp (Hauptdarsteller) und Danny Elfman (Musik) ist wieder einmal vereint und schafft es erneut, den Zuschauer zu verzaubern und in eine märchenhafte Welt zu entführen: die Welt von Willy Wonka und seiner Schokoladenfabrik! Roald Dahls berühmte Kindergeschichte wurde in den siebziger Jahren schon einmal verfilmt, damals mit Gene Wilder.

Diesmal bekommt Johnny Depp den Auftrag, Willy Wonka Leben einzuhauchen, und hat damit Konkurrenten wie Steve Martin, Robin Williams und sogar Marilyn Manson ausgestochen.

Der kleine Charlie wächst in armen Verhältnissen auf: Jeden Tag gibt es Kohlsuppe zu essen, und die Hütte seiner Eltern ist so schief, dass sie beim kleinsten Windstoß umzukippen droht. Die seltenen Momente des Glücks sind dann die, in denen Charlie die Schokolade des berühmten Willy Wonka essen darf. Dieser beschließt eines Tages, fünf Kindern die Chance zu geben, seine Fabrik zu besichtigen. Die Eintrittskarten hierzu sind nach dem Zufallsprinzip in den Schokoladentafeln versteckt. Keine Frage, dass nun jeder unbedingt eine solche goldene Karte haben möchte. Und wie es das Schicksal so will, erwischt Charlie eine der Karten, und darf zusammen mit seinem Großvater und vier anderen Kindern seinen größten Traum erleben.

Mehr sei an dieser Stelle zur Handlung nicht gesagt, um dem potentiellen Zuschauer den Spaß nicht zu verderben. Tim Burton findet auf jeden Fall zu seiner alten Form zurück und es werden angenehme Erinnerungen an "Edward mit den Scherenhänden" wach. Ständig gibt es etwas neues zu entdecken und man kann sich teilweise an den phantasievollen Sets gar nicht satt sehen. Zur Performance von Johnny Depp braucht nicht viel gesagt zu werden, er blüht anscheinend unter Tim Burton erst richtig auf und überzeugt als androgynes, fast künstlich anmutendes Wesen. Das war auch sicherlich der Grund, warum

Marilyn Manson für die Rolle im Gespräch war. Jedoch wurde mit Depp die eindeutig beste Wahl getroffen.
Ärgerlich sind nur einige Klischees wie beispielsweise der dicke deutsche Junge und der bayerisch redende Reporter. (Wobei wir das wahrscheinlich eher der deutschen Synchronisation zu verdanken haben) Die Geschichte ist zudem recht belanglos, was natürlich an der Märchen-Herkunft liegt. Das kann man dem Film jedoch nicht zum Vorwurf machen, schließlich wurde er sowohl für Kinder als auch für Erwachsene produziert.
Alles in allem ein guter Tim-Burton-Film, der vor allem von seinem Hauptdarsteller und seiner originellen, witzigen Optik lebt.

Code 46

GB 2004, Länge: 93 Min.

R: Michael Winterbottom, D: Tim Robbins, Samantha Morton, Togo Igawa, Nabil Elouhabi, Sarah Backhouse, Natalie Jackson Mendoza, Om Puri, Nina Fog, Emil Marwa

Eine Welt, in der die Städte streng von der Außenwelt abgeschirmt sind, in der die Fortpflanzung mit genetisch ähnlich veranlagten Menschen laut dem "Code 46" verboten ist, in der ein totalitäres System namens Sphinx die Kontrolle über alle Bereiche des Lebens hat, das ist die Welt, in der William (Tim Robbins) als Ermittler arbeitet. In Shanghai soll er Passfälscher aufspüren. Obwohl er bemerkt, dass Maria (Samantha Morton) etwas damit zu tun hat, verliebt er sich in sie. Er hat jedoch nur 24 Stunden Zeit, denn so lange ist seine Aufenthaltsberechtigung in der Stadt gültig...

Eine Mischung aus "Blade Runner" und "Lost in Translation" hat Michael Winterbottom hier vorgelegt. Der Film erinnert in seiner düsteren Zukunftsvision ein wenig an George Orwell's Vorstellungen einer schönen neuen Welt. Für einen Science-Fiction-Film der neueren Art eher unüblich: es wird komplett auf technischen Schnickschnack und übertriebene CGI-Effekte verzichtet. Die Fremdartigkeit wird beispielsweise eher durch einen Mix aus den verschiedensten Sprachen vermittelt. Soweit hört sich alles ganz gut an. Der Film krankt jedoch an seiner ungenügenden Massentauglickeit. Kunstvolle Bilder, bedeutungsschwangere Dialoge, unkommentierte Sequenzen, das ganze wirkt doch sehr zähflüssig und ist nicht das, was der Großteil der Zuschauer sehen möchte. Die Kritiker werden das sicherlich anders sehen, und "Code 46" mit Preisen überhäufen.

Constantine

USA 2005, Länge: 120 Min.

R: Francis Lawrence, D: Keanu Reeves, Rachel Weisz, Shia LaBeouf, Dijmon Hounsou, Peter Stormare, Gavin Rossdale, Tilda Swinton

John Constantine (Keanu Reeves) hat es wahrlich nicht leicht. Weil er Selbstmord begangen hat, und das unter Katholiken einer Todsünde gleich kommt, wurde er in die Hölle verbannt. Als Wiedergutmachung, und um sich quasi seinen wesentlich angenehmeren Aufenthalt im Himmel zu "verdienen" , wurde er zurück auf die Erde geschickt, um dort als Exorzist und Dämonenjäger tätig zu sein. Er hat nämlich die Gabe, auf der Erde wandelnde Engel oder Dämonen auf den ersten Blick zu erkennen. Dass das mehr Fluch als Segen ist, wird jeder bestätigen können, der einmal einem Dämon in die Augen geblickt hat. Zusammen mit der eher skeptischen Polizistin Angela Dodson (Rachel Weisz), die kurz zuvor ihre Zwillingsschwester Isabel verloren hat, macht er sich auf die Jagd nach Satans Sohn Mammon, der das Tor zur irdischen Welt durchschreiten will...

Der Film basiert auf der düsteren DC Comic-Reihe "Hellblazer". Im Gegensatz zu vielen anderen Comic-Verfilmungen wird hier jedoch auf eine interessante Story und vor allem glaubwürdige Charaktere Wert gelegt. John Constantine ist kettenrauchender Zyniker und hat eigentlich gar keine Lust, den Helden zu spielen. Auch wenn die Ähnlichkeiten zur "Matrix" in punkto Erlösermythos und Hauptdarsteller nicht zu leugnen sind, ist das doch der auffälligste Unterschied. Keanu Reeves überzeugt erstaunlicherweise auch in dieser Rolle in einer abgeklärten, coolen Art und Weise. Interessant ist die neue Sichtweise auf die Hölle, die nunmehr eine Art Paralleldimension darstellt, und in die man mit Hilfe des Mediums Wasser gelangen kann. Jedoch kommt auch Constantine nicht ganz ohne Klischees aus, seien es nun die Engelsflügel oder die Exorzismus-Szene.

Insgesamt ein recht sehenswerter Film, jedoch nicht der herausragende Kult, zu dem er von diversen Medien hochgepusht wurde.

Die Daltons gegen Lucky Luke (Les Daltons)

D/F/SP 2004, Länge: 89 Min.

R: Phillipe Heim, D: Til Schweiger, Marthe Villalonga, Eric Judor, Ramsy Bedia, Roamin Berger, Said Serrari

Da Comicverfilmungen ja momentan der absolute Renner sind, werden wir nun mit einer weiteren Version von Lucky Luke, das aus der Feder des Franzosen Renè Goscinny stammt, beglückt. Anfang der Neunziger gab es schon einmal einen, leider nur sehr mittelmäßigen, Versuch, den Helden auf der Leinwand zum Leben zu erwecken, damals mit Terence Hill in der Hauptrolle. Wie auch immer, nun schlüpft also Til Schweiger in die Rolle des Cowboys.

Die Geschichte ist im Prinzip die gleiche: Luke Luke , der Mann, der schneller zieht als sein Schatten, versucht, die Dalton-Brüder in den Knast zu bringen. Das ganze wird jedoch eher aus der Sicht der Daltons erzählt, Luke tritt nur als Randfigur auf. Die Brüder hören nämlich von einem magischen Sombrero, der seinen Träger unbesiegbar machen soll. Und mit was ließe sich wohl eine Bank besser ausrauben, als mit solch einer Kopfbedeckung. Doch leider gehört der Sombrero dem gefürchteten Outlaw El Tarlo, und dieser will sein Eigentum nicht so ohne weiteres hergeben. Als die Brüder jedoch in den Besitz des begehrten Stückes kommen, tritt dann doch noch der "poor lonesome cowboy" auf den Plan, um alles wieder ins Lot zu bringen.

Um es gleich vorwegzunehmen: der Film ist so schlecht, dass man gar nicht weiß, wo man mit seiner Kritik anfangen soll! Eine höchst langweilige und dumme Geschichte trifft hier auf Witze, die nicht im Ansatz komisch sind und über die nicht einmal ein Zehnjähriger lachen könnte. Dazu kommt ein krasser Logikfehler, nämlich französisch gedruckte Zeitungen und Schilder im wilden Westen der USA.
Luke Luke's Hund Rantanplan ist übrigens auch mit von der Partie, als computeranimierter Hund a là Scooby Doo. Er ist jedoch so überflüssig wie ein Kropf, da er in ganzen drei Szenen auftritt und eigentlich weder etwas sinnvolles noch etwas witziges von sich gibt. Die Schauspieler, allen voran Till Schweiger, sind ebenso nervig wie talentfrei. Nichts, aber auch gar nichts ist zu spüren von der tollen Atmosphäre der Comics. Um auf die frühere Verfilmung mit Terence Hill zurückzukommen: trotz Mittelmäßigkeit war sie um Längen besser als dieses Machwerk. Das absolut einzige was man den Verantwortlichen

zugute halten muss, ist der hohe visuelle Wiedererkennungswert im Bezug auf die typische Kleidung von Lucky Luke bzw. den Daltons.

Dieser Film hat nichts, was das Anschauen wert wäre, pfui Teufel!

The Da Vinci Code

USA 2006, Länge: 150 Min.

R: Ron Howard, D: Tom Hanks, Audrey Tautou, Jean Reno, Ian McKellen, Alfred Molina, Paul Bettany, Jürgen Prochnow, Jean-Yves Berteloot, Etienne Chicot, Jean-Pierre Marielle, Marie-Françoise Audollent, Rita Davies, Francesco Carnelutti, Seth Gabel, Shane Zaza

Wie macht man einen Blockbuster? Man nehme eines der bestverkauften Bücher der letzten Jahre und verfilme dieses mit einer Handvoll erstklassiger und beim Publikum beliebter Darsteller unter der Regie eines erfahrenen Mannes. Wenn dies die Zauberformel für einen erfolgreichen Film ist, dann wird "The Da Vinci Code" mit Sicherheit alle Rekorde brechen, denn vom Autor Dan Brown über Hauptdarsteller Tom Hanks bis zum Regisseur Ron Howard sind durchweg klangvolle Namen an dem Projekt beteiligt.

Worum geht es in Browns Buch und damit auch im Film? Der US-Wissenschaftler Robert Langdon (Tom Hanks) wird als Spezialist zu einem Mord im Pariser Louvre gerufen. Dummerweise gilt er selbst als Hauptverdächtiger, hatte doch das Mordopfer, der Direktor des Museums, vor seinem Tod noch eine Botschaft und Langdons Namen auf den Boden gekritzelt. Zusammen mit der Enkeltochter des Ermordeten, der Kryptologin Sophie Neveu (Audrey Tautou), macht sich Langdon auf die Suche nach dem wahren Täter und kommt dabei einer ungeheuerlichen Verschwörung auf die Schliche, bei der selbst höchste Kirchenkreise ihre Finger im Spiel haben...

Dan Brown hat wirklich erstaunliches geschafft: mit den immer gleichen Zutaten hat er sich zum Autor des neuen Jahrtausends gemausert. Nachdem es in „Meteor“ noch um Verschwörungen in Kreisen der US-Regierung ging, ist seit "Illuminati" die katholische Kirche das Ziel seiner Thesen und Ideen. Immer geht es um mehrere geheimnisvolle Parteien, die ein Geheimnis zu wahren suchen, und immer wird der Held von einer Frau unterstützt, die gleichzeitig die einzige Person ist, der er trauen kann. Mit "Sakrileg" hat sich Brown nun endgültig die Kirche zum Feind gemacht, stellt er doch die waghalsige Behauptung auf, Jesus Christus hätte mit Maria Magdalena ein Kind gezeugt! So etwas eignet sich natürlich prima zum Verfilmen, und so präsentiert uns Ron Howard hier eine Art "Akte X" meets "Indiana Jones". Der Film wird sowohl Fans des Buches als auch Unbedarfte ins Kino locken und sicher seine guten

Einspielergebnisse haben. Tom Hanks überzeugt zwar nicht auf ganzer Linie, gibt aber eine achtbare Vorstellung ab und Audrey Tautou ist sowieso einen Blick wert.

Irgendwie hinterlässt "The Da Vinci Code" aber einen faden Nachgeschmack. Die Handlung zieht sich doch recht zäh dahin und es fehlen die wirklichen Highlights und auch eine Klimax, wie man sie am Ende eines Films ja erwartet. Beim Hype, der im Vorfeld um den Film gemacht wurde, hätte man sich eigentlich besseres erhofft.

Dawn of the Dead

USA 2004, Länge: 95 Min.

R: Zack Snyder, D: Sarah Polley, Jake Weber, Mekhi Phifer, Ving Rhames, Kevin Zegers

Im Jahr 1968 spaltete ein Film in den USA die Nation. Während ihn die einen für geschmacklos und viel zu brutal hielten, wurde er von den anderen als Kunstwerk betrachtet. Eines war er aber mit Sicherheit: der Vorreiter für eine neue Generation von Horrorfilmen. Sein Name: „Night of the living dead"! Der damals noch recht junge Regisseur George A. Romero schuf den ersten „richtigen" Zombiefilm. Die Story: durch eine unbekannte Ursache ausgelöst, fangen Tote plötzlich an, wieder auf der Erde zu wandeln und bekommen einen seltsamen Appetit auf Menschenfleisch. Von diesen Kreaturen belagert verbarrikadieren sich einige Überlebende nachts in einem abgelegenen Haus und hoffen auf einen schnellen Tagesanbruch. Mit seinem außergewöhnlichen visuellen Stil ganz in schwarz/weiß und seinen krassen Gewaltdarstellungen setzte Romero ein wirkliches Zeichen. Es folgten Ende der Siebziger/Anfang der Achtziger noch zwei Fortsetzungen: „Dawn of the dead" und „Day of the dead". Auch diese beiden Filme waren recht erfolgreich, erreichten aber nie den Kultstatus des Erstlings, weil sie in einer Phase entstanden, in der schon zahlreiche Nachahmer den Markt überschwemmt hatten. Anfang der Neunziger wurde dann ein Remake des ursprünglichen „Night of the living dead" gedreht, diesmal in Farbe. Regie führte Tom Savini, der unter Romero für das Makeup und die visuellen Effekte zuständig war. Freilich hatte dieser Film nicht ansatzweise die Qualität des Originals, dem mittlerweile sogar im Museum of Moden Art in New York ein Denkmal als filmisches Kunstwerk gesetzt wurde. Seitdem ist es still geworden um Romero und seine Untoten-Trilogie. Auch das generelle Genre des Zombie-Films schien ausgestorben.

Eine Renaissance erlebte es jedoch in den letzten Jahren durch „Resident Evil" und „28 days later", wobei besonders letzterer zu überzeugen wusste. Und jetzt gibt es eine neue Version von Romero's „Dawn of the dead", bis jetzt der Höhepunkt dieser „Wiederbelebungswelle".
Mit dem Original hat Zack Snyder's Neuverfilmung allerdings nicht mehr allzu viel zu tun. Es wurde lediglich die grobe Handlung übernommen: eine kleine Gruppe von Menschen flüchtet vor tausenden Untoten in ein Einkaufszentrum und wird dort belagert. Die Ausgangspositionen sind jedoch unterschiedlich.

Während man bei Romero „in medias res“ direkt mitten im Geschehen war, wird in Snyders Film die Vorgeschichte zumindest kurz angedeutet. Dies liegt sicherlich daran, dass sich das Remake als eigenständigen Film versteht und nicht als „Teil 2 einer Trilogie“.
Die Protagonisten sind wieder bunt zusammen gemixt. Es gibt den Sympathieträger, den Möchtegern-Anführer und natürlich den „schwarzen Erlöser“ in Form von Ving Rhames („Pulp Fiction“). Denn auch bei der ursprünglichen Trilogie war es immer ein Schwarzer, der die Verantwortung übernahm und bis zum Schluss überlebte.

Die Zombies selbst haben eine Veränderung durchgemacht. Sie sind nicht mehr das stöhnende, schlurfende Kanonenfutter, sondern können jetzt auch schnell rennen und scheinen zumindest ansatzweise intelligent zu sein. Das ist ein wenig schade, da sie dadurch weniger fremdartig wirken. Jedoch war dieser Trend schon in früheren Filmen zu erkennen.
Für eine Sache muss man Regisseur Snyder übrigens besonders dankbar sein: Er wollte einen Zombiefilm machen, und er hat die Sache auch durchgezogen. Abgetrennte Gliedmaßen, verweste Körper und herumfliegende Innereien werden gezeigt, ohne auf die Zensur zu achten. Dies ist für eine Genrekenner auch die einzig akzeptable Variante. Der Film kam auch anscheinend ungeschnitten ins Kino, was für Deutschland an ein Wunder grenzt.
Das Team welches für das Remake verantwortlich zeichnet, setzt sich aus frischen Gesichtern und altbekannten Namen zusammen. Neben dem erwähnten Ving Rhames spielt die sehr talentierte Sarah Polley die weibliche Hauptrolle. Kleiner Gag: Tom Savini, der frühere Makeup Artist ist in einer kurzen Einstellung als Polizist zu sehen!
Als Produzent war Richard P. Rubinstein tätig, er hat auch Romeros Trilogie produziert. Und man merkt dem Film auch seine Handschrift an. Denn die Stimmung, die erzeugt wird, ist trotz allen Unterschieden den „alten“ Filmen sehr ähnlich. Die Tochter, die ihre Eltern umbringt, die zahlreichen Fernseh-Berichterstattungen , die Szene auf dem Dach des Einkaufszentrums und der berühmte Satz: „Wenn in der Hölle kein Platz mehr ist, kommen die Toten zurück auf die Erde“ lassen angenehme Erinnerungen wach werden.

Fazit: ein absolut legitimes und würdiges Remake mit wenigen Abstrichen, die sicher nur für Nostalgiker störend sind. Wer kein Blut sehen kann, sollte den Film meiden, für alle anderen aber vergeht die Zeit wie im Flug!

Dead End

F/USA 2004, Länge: 85 Min.

R: Jean-Baptiste Andrea + Fabrice Canepal, D: Ray Wise, Lin Shaye, Mick Cain, Alexandra Holden, Billy Asher, Amber Smith

Dass sich Abkürzungen nicht immer als die beste Alternative erweisen, müssen die Harringtons feststellen, die auf dem Weg zum alljährlichen Familien-Weihnachtsessen sind. Eine immer geradeaus führende Straße, endlose Wälder, und ein Mangel an Hinweisschildern und Wegweisern sind die ersten Dinge, mit denen sie konfrontiert werden. Plötzlich steht eine Frau im weißen Nachthemd mit einem toten Kind im Arm an der Straße. Sie scheint sehr verwirrt zu sein, zumindest kann sie keine Angaben machen wer sie ist, und woher sie kommt. Nach und nach wird die Familie immer weiter in eine Spirale des Wahnsinns hineingezogen, aus der es kein Entrinnen zu geben scheint...

Die beiden französischen Jung-Regisseure Jean-Baptiste Andrea und Fabrice Canepa, die bisher nur als Drehbuchautoren tätig waren, haben sich eine spannende und originelle Geschichte ausgedacht, die irgendwo zwischen dem "Blair Witch Project" und "Ring" angesiedelt ist. Geschickt wird die Spannung bis zum überraschenden Schluss erhöht, dabei wird fast komplett auf blutige Szenen verzichtet. Die werden auch nicht benötigt, denn die Faszination von "Dead End" liegt in der Kraft seiner Bilder, etwa das immer wiederkehrende schwarze Auto oder der Kinderwagen, der mitten auf der Straße steht. Dass das ganze trotzdem einen leicht trashigen Charakter hat, mag an den Darstellern liegen, fällt aber kaum weiter ins Gewicht. Wer sich mal wieder richtig gruseln möchte, dem sei "Dead End" wärmstens empfohlen.

The Devil's Rejects

USA 2005, Länge: 109 Min.

R: Rob Zombie, D: Sid Haig, Bill Moseley, Sheri Moon, Ken Foree, Deborah Van Valkenburgh, Michael Berryman, William Forsythe, Steve Railsback, Tyler Mane, Leslie Easterbrook, Matthew McGrory, Priscilla Barnes, Duane Whitaker, Danny Trejo, Mary Woronov

Metal-Musiker Rob Zombie scheint am Regieführen Gefallen gefunden zu haben. Nachdem seine Splatter-Groteske „Das Haus der 1000 Leichen" bei Kritikern und Publikum erstaunlich gut angekommen ist, legt er nun die offizielle Fortsetzung vor. Außer den Charakteren hat „The devil's rejects" jedoch nicht mehr viel mit seinem Vorgänger gemeinsam. Aus dem Hinterwäldler-Horror a là „Texas Chainsaw Massacre" in Teil eins ist ein Gangster-Roadmovie im Stil von „From dusk till dawn" geworden. Das ist aber nicht unbedingt schlecht, da wesentlich massentauglicher. Und so verzeiht man Rob Zombie auch seine doch sehr offensichtlichen Anleihen bei Tarantino & Co. Denn visuell hat der Film immer noch einiges zu bieten: verwackelte Kamerafahrten, Großaufnahmen, krasse Einstellungen etc.

Die Story ist schnell erzählt: Das Teenie-Gemetzel der Horrorfamilie Firefly ist nicht unentdeckt geblieben, die Polizei stürmt das Haus. Otis (Bill Moseley) und seine Schwester (Sheri Moon) entkommen und begeben sich, unterstützt von Captain Spalding (Sid Haig), auf die Flucht und nehmen eine Countryband als Geiseln. Obwohl es dabei natürlich sehr blutig zugeht, entwickelt man fast so etwas wie Zuneigung für die flüchtenden Hauptcharaktere, denn die Cops, welche die Verfolgerrolle innehaben, sind nicht gerade Sympathieträger.

Rob Zombie hat seine Arbeit doch recht ordentlich gemacht, und einige Szenen könnte man fast als „kultverdächtig" bezeichnen. Für den Film wurden übrigens einige interessante, aber in Vergessenheit geratene Schauspieler ausgegraben, beispielsweise Leslie Easterbrook („Police Academy") oder Ken Foree („Dawn of the dead").

Nach dem überdrehten und teilweise doch recht nervigen „Haus der 1000 Leichen" ist „The devil's rejects" mit seinem Humor und seiner Story auf jeden Fall eine Steigerung und nicht nur für Genrefans einen Blick wert.

Don's Plum

USA 2001, Länge: 90 Min.

R: RD Robb, D: Leonardo DiCaprio, Amber Benson, Scott Bloom, Kevin Conolly, Tobey Maguire

Wie ein kleiner Independent-Film mutet Don's Plum an. Schwarz/weiß-Aufnahmen auf grobkörnigem Material, kurze Schnitte, eigenwillige Perspektiven. Eine Handlung in dem Sinne ist eigentlich nicht vorhanden, vieles wirkt improvisiert. Am besten lässt sich der Plot jedoch so beschreiben: vier Freunde Anfang zwanzig sitzen in ihrer Stammkneipe und unterhalten sich über ihre Probleme, Wünsche und natürlich über Beziehungen. Komplettiert wird die Runde durch einige junge Mädchen, die alle mehr oder weniger zufällig am Schauplatz sind. Viel mehr passiert eigentlich nicht.

Kann dieses Konzept einen über volle Spielfilmlänge fesseln? Über weite Strecken ist dies tatsächlich der Fall. Ein Grund hierfür sind sicherlich Leonardo DiCaprio und Tobey Maguire. Sie „passen" eigentlich so gar nicht in diese „Billigproduktion", und verleihen den Charakteren mit ihrem intensiven Spiel einiges an Tiefe. Schade nur, dass DiCaprio sich heute für den Film schämt.

Don's Plum hat überwiegend schlechte Kritiken geerntet. Das hat er jedoch nicht verdient. Allein für den Mut, einmal wieder einen Schwarz/weiß-Film zu drehen, müsste der Regisseur einen Oscar bekommen. Seine ungewöhnliche Machart lässt Don's Plum fast schon zum kleinen Kunstwerk werden, auch wenn sich sicherlich nicht jeder damit anfreunden kann. Kultverdächtig!

Doom

USA 2005, Länge: 100 Min.

R: Andrzej Bartkowiak, D: Karl Urban, Dwayne Johnson, Rosamund Pike, Ian Hughes, Deobia Oparei, Ben Daniels, Razaaq Adoti, Richard Brake, Al Weaver, Yao Chin, Robert Russell, Daniel York, Sara Houghton

1993 erregte ein Computerspiel weltweit Aufsehen. Zum einen wegen seiner revolutionären 3D-Grafik, zum anderen weil es bis dahin nie da gewesene Brutalitäten zeigte, unter anderem das Töten mit Hilfe einer Kettensäge, wofür es sogleich indiziert wurde. Der Name des Spiels: Doom! Mittlerweile gibt es zwei Fortsetzungen und eine riesige Menge an Nachahmern. Das Original jedoch avancierte trotz oder gerade wegen des Verbotes zur erfolgreichsten Ballerspiel-Serie aller Zeiten. Daher verwundert es nicht, dass jetzt, wo mittlerweile jedes drittklassige Computerspiel verfilmt wird, auch Doom zu diesen Ehren kommt.

Die Handlung hält sich eng an den dritten Teil der Serie und erinnert nicht umsonst an James Cameron's „Aliens": Die Erde hat eine Marskolonie errichtet und führt dort Ausgrabungen und genetische Experimente durch. Als einige der Wissenschaftler auf unerklärliche Weise zu Tode kommen, soll eine Einheit Marines, angeführt von Sarge (The Rock), der Sache auf den Grund gehen. In der bunt gemischten Truppe sind die verschiedensten Charaktere und Typen vertreten: der Verräter, der Waffenfanatiker, der Pausenclown etc. Gerade diese Mischung hat seinerzeit Aliens so interessant gemacht und verhilft auch Doom dazu, über das Mittelmaß hinaus zu ragen. Das wichtigste sind aber selbstverständlich die Monster, welche auch recht überzeugend auf die Leinwand gebracht wurden. Wohltuend dabei ist, dass nicht allzu oft auf CGI Effekte zurückgegriffen wurde. Natürlich kann man von der Handlung keine Tiefgründigkeit oder geschickte Wendungen erwarten. Und auch die Charaktere sind durchschaubar und flach. Trotzdem macht der Film Spaß. Die stärkste Szene kommt dann kurz vor Ende des Films, als Regisseur Bartkowiak eine absolute Verneigung und Hommage an das Spiel eingebaut hat: Man sieht die Geschehnisse genau wie in der Vorlage aus der Ich-Perspektive, wobei am unteren Bildrand noch die gerade benutzte Waffe zu sehen ist. Und dann kommt als Krönung sogar noch die Kettensäge zum Einsatz. Man muss sicher Doom gespielt haben, um die volle Tragweite dieser Szene nachvollziehen zu können.

Fans ist der Film unbedingt zu empfehlen. Wer auf Action-Filme steht oder „Aliens“ mochte, wird auch auf seine Kosten kommen. Allen anderen wird „Doom“ wohl etwas zu flach sein. Tipp: anschauen und sich selbst ein Urteil bilden!

Exorzist - Der Anfang (Exorcist- The Beginning)

USA 2004, Länge: 113 Min.

R: Renny Harlin, D: Stellan Skarsgård, Gabriel Mann, Clara Bellar, Ilario Bisi-Pedro, Antonie Kamerling, Nick Komornicki, Rick Warden, Ralph Brown, Andrew French, Alessandra Martines, Niall Refoy, Julian Wadham

Tief im Herzen Afrikas wird im Jahr 1949 eine christliche Kirche aus dem 6. Jahrhundert ausgegraben. Das ist in vielerlei Hinsicht ungewöhnlich: Anscheinend wurde sie gleich nach ihrem Bau wieder zugeschüttet, außerdem war zu dieser Zeit das Christentum noch nicht annährend so weit nach Süden vorgedrungen. In der Kirche selbst werden blasphemische Symbole gefunden, und viele der Helfer verweigern die Arbeit aus Angst vor bösen Geistern. Der Pfarrer und Archäologe Merrin wird hinzugezogen, denn der Vatikan vermutet, dass an dieser Stelle Luzifer vom Himmel gefallen ist...

Mit "Der Exorzist" hat William Friedkin vor 25 Jahren einen Meilenstein des Horrorgenres vorgelegt, der bis heute unerreicht ist. Krasse Bilder von der besessenen Linda Blair sind dem Zuschauer noch in Erinnerung, die Kirche war jedoch keineswegs begeistert. Einige Zeit später folgte eine eher mittelmäßige Fortsetzung und unzählige Nachahmer. Nun wird uns mit etwas Verspätung die Vorgeschichte des Pater Merrin erzählt.

Dass jedoch auch dieser Film nur Mittelmaß ist, liegt sicherlich an den Erwartungen, die beim Zuschauer geschürt werden, und die am Schluss jäh enttäuscht werden. Die Story ist durchaus interessant und fesselnd, es gibt einige krasse Schockmomente und auch das Ensemble liefert überzeugende Arbeit ab. Alles arbeitet eigentlich auf ein furioses Finale oder wenigstens einen sinnvollen Abschluss hin, dann wird man aber mit einer billigen Kopie der Szenen aus dem Originalfilm abgespeist: wieder einmal eine besessene Frau, die mit ihrer Sexualität kokettiert und im Gesicht aussieht, als hätte sie ihre Gurkenmaske zu lange einwirken lassen. Das soll also das ultimative Böse sein? Schon eine etwas enttäuschende Vorstellung.

Fahrenheit 9/11

USA 2004, Länge: 123 Min.

R: Michael Moore, D: George W. Bush, Britney Spears, Michael Moore

Schauplatz: ein Kindergarten. George W. Bush, der mächtigste Mann der Welt, sitzt mit den Kindern im Kreis und liest ihnen etwas aus einem Buch vor. Plötzlich kommt ein Mann herein und flüstert dem Präsidenten etwas in die Ohren. Es ist die Hiobsbotschaft der Anschläge des 11. September. Dann Großaufnahme in Bushs Gesicht. Ratlosigkeit und Desinteresse scheint es widerzuspiegeln. Mehrere Minuten sitzt er absolut teilnahmslos auf seinem Stuhl und stiert auf das vor ihm liegende Buch.

Nach "Bowling for Columbine" ist "Fahrenheit 9/11" Michael Moore's zweiter Kino-Dokumentarfilm. Diesmal dreht sich alles um den US-Präsidenten und die Hintergründe zum Kampf gegen den Terror. In einem Mix aus Fernsehausschnitten, Interviews und Moore's typischen Live-Aktionen werden schonungslos alle Details aufgedeckt, mal heiter, mal ernst. Das ist für einen zweistündigen Dokumentarfilm erstaunlich kurzweilig. Besonders häufig benutzte Moore das Stilmittel der Gegenüberstellung von krassen Gegensätzen, etwa die Bilder von weinenden Frauen im Irak und gleich darauf ein Interview mit Britney Spears.

Eines schafft der Film mit Gewißheit: uns Moore's Standpunkt zu verdeutlichen. Viele der Dinge, die die US-Regierung tut, sind moralisch sicherlich bedenklich. Jedoch stört etwas die Einseitigkeit, mit der die Fakten präsentiert werden.

Findet Nemo (Finding Nemo)

USA 2003, Länge: 100 Min.

R: Andrew Stanton, Deutsche Sprecher: Christian Tramitz, Anke Engelke, Domenic Redl, Udo Wachtveitl, Erkan und Stefan

Der lange erwartete neue Film der Pixar-Studios („Die Monster AG“) war in den USA ein Kassenschlager. Seit „Toy Story“ ist es ja in Mode gekommen, komplett computeranimierte Filme zu produzieren. Und spätestens seit „Shrek“ oder „Ice Age“ weiß man, daß das ganze auch für Erwachsene durchaus unterhaltsam sein kann.
Bevor es richtig losgeht, wurde jedoch ein Kurzfilm gezeigt, ein früher Geniestreich von Pixar, lange vor „Toy Story“ entstanden. In „Knick Knack“, so heißt der Film, geht es um einen liebeskranken Schneemann, der jedoch in seiner Glaskugel gefangen ist und deshalb nicht zu seiner Angebeteten gelangen kann. Obwohl von der Technik aus heutiger Sicht veraltet, sprüht der Film vor schwarzem Humor und Slapstick.
Nachdem man durch diesen Kurzfilm also schon einmal in eine positive Grundstimmung versetzt wird, kann es endlich mit „Findet Nemo“ losgehen.
Nemo ist ein Anemonenfisch und der einzige Sohn des übervorsichtigen Marlin. Eines Tages wird er von Tauchern gefangen und in ein Aquarium gebracht. Während sich Nemo mit den dort lebenden Fischen anfreundet, macht sich Marlin zusammen mit der vergesslichen Doktorfisch-Dame Dorie auf die lange Suche nach seinem Sohn. Dabei begegnen sie unter anderem einem ungewöhnlichen Hai-Trio und einigen offensichtlich bekifften Schildkröten. Ob es am Ende ein Wiedersehen zwischen Vater und Sohn gibt, wird nicht verraten, denn bei diesem Film lautet die Devise: unbedingt anschauen!

Zur technischen Umsetzung muss man nicht viel sagen. Erneut haben die Programmierer und Designer von Pixar die Messlatte in diesem Bereich etwas höher geschoben. Es wimmelt unter Wasser nur so von Fischen, Pflanzen und anderen Objekten. Ständig gibt es etwas zu entdecken, allein deshalb müsste man sich den Film schon mehrmals anschauen. Der grafische Stil reicht dabei von fotorealistisch bis niedlich. Nur die etwas hölzerne Darstellung der Menschen wirkt etwas störend.
„Findet Nemo“ ist ein Film, der sich sowohl an Kinder als auch an Erwachsene richtet, denn der Humor ist breit gefächert, insgesamt aber auf sehr hohem Niveau. Gerade Filmkenner werden auch viele Anspielungen auf andere Streifen

finden, Bruce der Hai erinnert beispielsweise an Jack Nicholson in „The Shining".

Die deutsche Synchronisation ist sehr gelungen, unter anderem kommen Christian Tramitz (Der Schuh des Manitu), Anke Engelke und Erkan und Stefan zum Einsatz und tragen einiges dazu bei, den Figuren mehr Charakter zu verleihen.

Nur wer keine computeranimierten Trickfilme mag, sollte einen Bogen darum machen, allen anderen sind Nemos Abenteuer uneingeschränkt zu empfehlen!

Fluch der Karibik (Pirates of the Caribbean: The Curse of the Black Pearl)

USA 2003, Länge: 143 Min.

R: Gore Verbinski, D: Johnny Depp, Geoffffrey Rush, Orlando Bloom, Jack Davenport, Keira Knightley, Zoe Saldana, Kevin McNally, Jonathan Pryce, Giles New, Mackenzie Crook, Damian O'Hare

Endlich mal wieder ein Piratenfilm im Kino! Nachdem die Fans dieses Genres in den letzten Jahren nicht gerade verwöhnt wurden und sich mit mittelmäßigen Filmen wie "Die Piratenbraut" zufrieden geben mussten, gibt es jetzt einen Hoffnungsschimmer:
Gore "Mäusejagd" Verbinskis "Fluch der Karibik", der auf der gleichnamigen Attraktion in Disneyland basiert. Aber kann ein Film, der von Disney UND Jerry "alles geht kaputt" Bruckheimer produziert wurde, und dessen schöpferische Quelle ein Freizeitpark ist, wirklich den hohen Ansprüchen des geneigten Publikums gerecht werden? Die Antwort lautet: Ja und Nein!

Orlando Bloom („Der Herr der Ringe") spielt einen jungen Waffenschmied, der seine Angebetete, die Tochter des ansässigen Gouverneurs, aus den Händen von finsteren Piraten befreien will. Hilfe bekommt er von dem mehr als seltsamen Piratenkapitän Jack Sparrow, gespielt von Johnny Depp. Im Verlauf des Films stellt sich heraus, dass die Schurken keine normalen Piraten sind...

Was dem Regisseur teilweise gut gelingt, ist das typische Piratenflair in stimmigen Bildern zu vermitteln, etwa die in nächtlichen Szenen romantisch erleuchteten Hafenstädte. (Monkey Island lässt grüßen!) Auch das Erzähltempo geht, wenn man von einigen Längen einmal absieht, durchaus in Ordnung.
Das Highlight des Films ist aber sicherlich Johnny Depp als durchgeknallter, leicht tuntiger Kapitän mit Goldzähnen und geschminkten Augen! Bitte mehr vom viel zu selten gezeigten komödiantischen Talent dieses Ausnahmeschauspielers!
Jedoch will der Funke irgendwie trotz allem nicht so recht überspringen. Das hat sicherlich mehrere Gründe. Zum einen die eben erwähnten Längen. Hinzu kommen einige Logikfehler und ein mehr als aufgesetztes Ende.
Was aber hauptsächlich stört, ist dieser eigenartige Genre-Mix aus Piratenfilm, Komödie und Horrorfilm. Für einen Horrorfilm ist "Fluch der Karibik" nämlich

zu harmlos, obwohl die "lebenden Leichen" vom technischen Standpunkt durchaus zu gefallen wissen.
Für eine Komödie wiederum ist der Film leider nicht witzig genug. Und, um ehrlich zu sein, gibt es doch wohl nur einen wirklich lustigen Piratenfilm: "Dotterbart"!

Fluch der Karibik 2 (Pirates of the Carribean: Dead Man's Chest)

USA 2006, Länge: 150 Min.

R: Gore Verbinski, D: Johnny Depp, Orlando Bloom, Keira Knightley, Bill Nighy, Jack Davenport

Weil sie dem berüchtigten Piraten-Kapitän Jack Sparrow (Johnny Depp) bei seiner Flucht geholfen haben, werden Will Turner (Orlando Bloom) und Elizabeth Swan (Keira Knightley) kurz vor ihrer Hochzeit gefangen genommen. Ihre Freilassung ist an eine Bedingung geknüpft: sie müssen Jack Sparrow finden und ihm dessen magischen Kompass abnehmen. Sparrow jedoch hat ganz andere Probleme: der Geisterpirat Davey Jones ist mitsamt seines alten Schiffes, der "Flying Dutchman", aufgetaucht, um eine alte Schuld einzufordern...

Nachdem "Fluch der Karibik", der auf einer Attraktion in Disney World basiert, äußerst erfolgreich in den Kinos war, wurde natürlich schnell an einer Fortsetzung gebastelt. Klar, daß auch wieder das bewährte Team, bestehend aus Johnny Depp, Orlando Bloom und Keira Knightley, mit an Bord ist. Und um das ganze noch zu toppen, wurde in diesem Atemzug auch gleich noch ein dritter Teil gedreht, ähnlich wie seinerzeit bei "Der Herr der Ringe". Den Abschluss der Trilogie dürfen wir dann wohl 2007 im Kino bewundern.
Nun, der Film lebt natürlich wieder von seinen aberwitzigen Action-Szenen, und natürlich von Johnny Depp. Orlando Bloom hingegen liefert eine erstaunlich blasse und schlechte Vorstellung ab. Auch die anderen Darsteller fallen nicht weiter auf. Depp aber kann wieder auf ganzer Linie überzeugen in seiner Paraderolle als geschminkter Pirat Jack Sparrow, der anscheinend selbst oft nicht so genau weiß, was er gerade tut. Seine Darstellung ist an Keith Richards von den Rolling Stones angelehnt. Dieser sollte sogar eine kleine Gastrolle bekommen, was aber terminlich wohl nicht so ganz gepasst hat.

Leider ist die Handlung dermaßen verworren, dass man kein klares Konzept erkennen kann. Und irgendwie vermisst man doch das typische Piratenflair der guten alten Schinken. Das liegt vielleicht daran, dass die "Geisterpiraten" irgendwie nicht so richtig hineinpassen in die Thematik. Regisseur Verbinski hat es mit seinen CGI Effekten dann auch etwas übertrieben. Das macht einiges an Atmosphäre kaputt und sorgte auch schon im ersten Teil für Unmut.

Trotzdem gibt es natürlich eine Menge Szenen und Dialoge, die wirklich witzig und pointiert sind, und die das Anschauen lohnenswert machen, auch wenn der Film insgesamt etwas zu lang geraten ist.

Freaky Friday

USA 2003, Länge: 96 Min.

R: Mark S. Waters, D: Jamie Lee Curtis, Lindsay Lohan, Mark Hamon, Harold Gould, Chad Murray, Christina Vidal, Rosalind Chao, Julie Gonzalo, Haley Hudson

Rechtzeitig zur Weihnachtszeit darf natürlich die familientaugliche Disney-Komödie nicht fehlen. Mit „Freaky Friday“ wurde ein Film vorgelegt, der obendrein auch noch ein altbekanntes Thema aufgreift: den Rollentausch zwischen einer jungen und einer erwachsenen Person. In den achtziger Jahren wurde dies schon einige Male mehr oder weniger originell umgesetzt, man denke nur an Tom Hanks in „Big“.

Anna (Lindsay Lohan) ist ein typischer Teenager und hat es schon nicht leicht: mit ihrer Mutter Tess (Jamie Lee Curtis) versteht sie sich seit dem Tod ihres Vaters überhaupt nicht mehr, in der Schule wird sich ständig von den Lehrern gepiesackt und muss nachsitzen und der coole Typ in den sie sich verliebt hat, scheint sie nicht zu beachten.
Aber auch Tess hat eine Menge Sorgen: neben der aufmüpfigen Tochter machen ihr hartnäckige Patienten (sie arbeitet als Psychologin) und die bevorstehende Verlobung mit ihrem neuen Lebensgefährten zu schaffen.
Einen Tag vor der Verlobung passiert dann in einem China-Restaurant das unglaubliche: ein Streit zwischen Mutter und Tochter eskaliert, beide bekommen von der Chefin des Hauses einen Glückskeks mit einer rätselhaften Botschaft und als sie am nächsten Morgen aufwachen, sind die Rollen getauscht: Tess muss sich im Körper ihrer Tochter zurechtfinden und umgekehrt. Notgedrungen müssen sie auch die Pflichten des anderen übernehmen, das heißt Tess muss die Schulbank drücken und Anna darf sich mit den Patienten ihrer Mutter herumärgern.
Im Verlauf des Films bekommen beide immer mehr Verständnis für die Probleme sowohl miteinander als auch mit ihrer Umwelt. Und am Ende kommt es natürlich, wie es kommen muss: der „Freaky Friday“ ist vorbei, und alles ist wieder beim alten.

Einmal abgesehen davon, das man die Story schon ungefähr tausendmal in leicht abgeänderter Form gesehen hat, ist „Freaky Friday“ ein wirklich netter,

aber harmloser Spaß für die ganze Familie. Nichts herausragendes, aber ein durchaus kurzweiliger Zeitvertreib.
Ärgerlich nur, dass einem der Spaß durch einige grobe Logikfehler teilweise verdorben wird. So etwa am Schluss, als Annas „Freund" sagt. „Warum drehen wir die Uhr nicht einfach nochmal zurück und fangen von vorne an?" Wusste er etwa vom Rollentausch?
Positiv zu erwähnen wäre noch das Hauptdarstellerduo. Jamie Lee Curtis hatte sichtlich Spaß am Film und Lindsay Lohan ist ein frisches, unverbrauchtes Gesicht. Sie spielt mit einer Leichtigkeit auf dass es eine wahre Freude ist, ihr zuzuschauen. Man wird von ihr sicher noch einiges hören!

Das geheime Fenster (Secret Window)

USA 2004, Länge: 96 Min.

R: David Koepp, D: Johnny Depp, Timothy Hutton, John Turturro, Maria Bello, Charles S. Dutton

Nach der schmerzhaften Trennung von seiner Ehefrau Amy (Maria Bello) zieht Schriftsteller Mort Rainey (Johnny Depp) in ein abgelegenes Haus an einem See. Sechs Monate später bekommt er Besuch vom seltsamen Mr. Shooter (John Turturro). Dieser beschuldigt ihn, seine Idee gestohlen, und als Buch veröffentlicht zu haben. Alles was Mort tun müsste, ist, ihm das Gegenteil zu beweisen. Jedoch sind sämtliche Unterlagen, die dies belegen würden, auf seltsame Weise verschwunden. Als schließlich auch noch mehrere Personen zu Tode kommen, wird klar, dass Shooter es sehr ernst meint...

Nach einer Stephen-King-Vorlage entstand dieser Thriller. Und das merkt man ihm auch an: es gibt die typische Vorstadt-Atmosphäre, gepaart mit einer Priese Humor und einem leisen Horror, der von daher kommt, wo man ihn am wenigsten erwartet. Johnny Depp spielt wieder einmal sehr überzeugend in der Rolle des verlassenen Ehegatten, wie immer leicht verschroben und dennoch liebenswert. Geschickt wird immer wieder mit Rückblenden gearbeitet, und der Spannungsbogen steigt langsam, aber stetig. Etwas mehr hätte man sich nur von der Auflösung gewünscht, die Idee ist zwar ganz nett aber irgendwie ist man doch enttäuscht.

Der Fluch - The Grudge

USA/JP 2004, Länge: 90 Min.

R: Takashi Shimizu, D: Sarah Michelle Gellar, Jason Behr, William R. Mapother, Clea DuVall, Kadee Strickland, Grace Zabriskie, Bill Pullman, Rosa Blasi, Ted Raimi, Ryo Ishibashi, Yoko Maki, Yuya Ozeki, Takako Fuji

Um bei Ihrem Freund in Tokio sein zu können, belegt die Studentin Karen (Sarah Michelle Gellar) ein Auslandssemester und jobbt nebenher bei einem Pflegedienst. Ihr erster Patientenbesuch hat es auch gleich in sich: Im Haus von Emma (Grace Zabriskie) treiben nämlich anscheinend gleich mehrere Geister ihr Unwesen. Bei Ihren Nachforschungen stößt Karen auf ein dunkles Ereignis in der Vergangenheit...

Ein japanischer Regisseur, ein japanischer Schauplatz, verstörende Bilder, ein finsteres Geheimnis, das hört sich alles nach "The Ring" an. Und ähnlich ist auch die Vorgeschichte von "The Grudge": ganz wie beim Vorbild handelt es sich nämlich ebenfalls um ein Remake eines in Japan recht erfolgreichen Horrorfilms.
Aber leider ist die Ähnlichkeit in diesem Falle mehr Fluch als Segen. Trotz einiger netter Schockmomente sieht alles aus, als sei es irgendwie schon einmal da gewesen. Da kommt auch trotz Sarah Michelle Gellar ("Buffy") nur selten richtiges Gruseln auf.
Nicht ganz der große Wurf, aber für Fans von "The Ring" durchaus einen Blick wert.

Harold und Kumar (Harold and Kumar go to White Castle)

USA 2004, Länge: 88 Min.

R: Danny Leiner, D: John Cho, Kal Penn, Malin Akerman, Anthony Anderson

Harold (John Cho) arbeitet für eine große Investmentbank und ist dort der Prügelknabe. Sein Kumpel Kumar (Kal Penn) hingegen soll, wenn es nach seinem Vater ginge, ein Medizinstudium beginnen. Beide hängen aber lieber zusammen vor dem Fernseher ab und kiffen was das Zeug hält. Dass man davon sehr schnell Hunger bekommt, dürfte jedem bekannt sein, der schon einmal einen Joint geraucht hat. Angelockt von einem Werbespot der Fastfood-Kette "White Castle", machen sich die beiden auf den langen und chaotischen Weg zum nächsten Schnellrestaurant.

Auch wenn die Story simpler nicht sein könnte: "Harold und Kumar" macht richtig Spaß! Zumindest über weite Strecken, denn am Ende geht dem "ein-Ziel-verfolgen-und-dabei-möglichst-viele-witzige-Stationen-durchleben-Konzept " ein wenig die Luft aus und die Gags werden zusehends flacher, teilweise hart an der Grenze zur Geschmacklosigkeit. Auf ganzer Linie überzeugen können hingegen die Hauptdarsteller, sowohl Kal Penn mit indischem Akzent als auch John Cho, der das typische Asiaten-Image auf die Schippe nimmt.

"Harold und Kumar" ist ein durchaus sehenswerter Film, wenn man ohne allzu große Erwartungen herangeht.

Harry Potter und der Gefangene von Askaban (Harry Potter and the Prisoner of Azkaban)

USA 2003, Länge:143 Min.

R: Alfonso Cuarón, D: Daniel Radcliffe, Rupert Grint, Emma Watson, Gary Oldman, Alan Rickman, Michael Gambon, Robbie Coltrane, David Thewlis, Timothy Spall, Tom Felton, David Bradley

Es ist eine Crux: Um alle vorliegenden Harry-Potter-Bücher mit den gleichen Darstellern glaubwürdig zu verfilmen, müsste man im Jahrestakt ohne Pause drehen. Bisher hat das ja auch gut geklappt: 2001 kam „Harry Potter und der Stein der Weisen" ins Kino, ein Jahr später „Harry Potter und die Kammer des Schreckens". Diese Art des Marathon-Filmens hat jedoch schon ihren Tribut gefordert: Regisseur Chris Columbus stand für Teil drei nur noch als Produzent zur Verfügung. Aber: trotz der längeren Wartezeit von 18 Monaten auf Teil drei sind wieder alle Hauptdarsteller an Bord, bis auf den letztes Jahr verstorbenen Richard Harris, der den Schulleiter Dumbledore spielte.

Die Geschichte ist wieder einmal ein bunter Mix aus Mythen und Märchen, jedoch noch ein Stück düsterer als bei den Vorgängern: Das dritte Schuljahr in Hogwarts beginnt mit einem Paukenschlag: Sirius Black, gefürchteter Massenmörder und ehemaliger Anhänger von Erzfeind Voldemort, ist aus Askaban, dem Zauberergefängnis ausgebrochen. Und zufälligerweise hat er es auf Harry abgesehen. Dieser hat ganz andere Probleme: die Dementoren, grausige Wächter aus Askaban die auf der Jagd nach Black sind, versetzen ihn ein ums andere Mal in Angst und Schrecken. Und dann sind da noch einige neue Lehrer, zum Beispiel Professor Lupin, der ein Geheimnis zu hüten scheint...

„Der Gefangene von Askaban" gilt unter Fans als das bisher beste, zugleich aber auch düsterste unter den Potter-Büchern. Weit hat sich Mrs. Rowling vom ursprünglichen Kinderbuch entfernt. Da kommt es gelegen, dass nicht mehr Chris Columbus („Kevin – allein zu Haus"), sondern Alfonso Cuarón auf dem Regiestuhl Platz nahm. Die Optik mutet stellenweise fast gotisch an und er Film vermittelt eine eigenartige Stimmung, die aber gut zu den Ereignissen passt.
Die neuen Darsteller sind durchweg glaubwürdig und treffen die Vorstellungen, die man aufgrund der Buchlektüre hatte, recht gut. Vor allem aber fällt positiv auf, dass mit Michael Gambon ein passender „Ersatz" für Richard Harris in der

Rolle des Schulleiters gefunden wurde. Schade nur, dass John Cleese diesmal nicht als „fast kopfloser Nick“ dabei ist.

Dass die Handlung erneut gestrafft wurde, wird den Hardcore-Fans sicher sauer aufstoßen. Die Buchvorlage ist fast doppelt so dick wie die zu Teil eins, der Film jedoch hat ungefähr die gleiche Länge. Da ist es klar, dass nicht jede Szene den Weg auf die Leinwand fand. Trotzdem fehlen dem Kenner einige Schlüsselszenen, die zum besseren Verständnis des Films für „Außenstehende“ beigetragen hätten. Manchmal hat man den Eindruck, dass das Drehbuch unter Zeitdruck geschrieben wurde. Das ist ein wenig schade, da in dem Buch wirklich eine Menge Potential steckt. Man kann deshalb nur hoffen, dass die Verfilmung von „Harry Potter und der Feuerkelch“ in zwei Teilen veröffentlicht wird, um der literarischen Vorlage, die noch um einiges umfangreicher ist, gerecht zu werden.

Was bleibt, ist jedoch ein visuell beeindruckender Film, den man sich auf jeden Fall anschauen sollte.

Harry Potter und der Feuerkelch (Harry Potter and the Goblet of Fire)

USA 2005, Länge: 150 Min.

R: Mike Newell, D: Daniel Radcliffe, Rupert Grint, Emma Watson, Alan Rickman, Michael Gambon, Ralph Fiennes, Robbie Coltrane, Tom Felton, Katie Leung, Brendan Gleeson

Nachdem sich bei den bisherigen "Harry-Potter"-Filmen Chris Columbus und Alfonso Cuaron auf dem Regiestuhl versuchen durften, nimmt dort nun erstmals ein Engländer platz: Mike Newell, bekannt aus "Vier Hochzeiten und ein Todesfall". Das passt zumindest insofern gut, als dass die Bücher von einer Engländerin geschrieben wurden und die Handlung in England stattfindet.

Harrys viertes Jahr in Hogwarts beginnt mit einem wahren Großereignis: der Quidditch-Weltmeisterschaft, in der Irland und Bulgarien gegeneinander spielen, letztere mit ihrem Star Viktor Krum. Doch damit ist es nicht genug, denn das traditionsreiche "Trimagische Turnier" steht an, bei der Hogwarts der Gastgeber ist. Teilnehmer aus drei europäischen Zauberschulen, neben Hogwarts noch "Beauxbatons" und "Durmstrang" kämpfen in drei Wettbewerben um einen begehrten Pokal. Da man hierzu das Mindestalter von siebzehn Jahren erreicht haben muss, kann Harry sich nun zurücklehnen, und den Kampf der Kontrahenten genießen. Doch es kommt wie es kommen muss: irgendjemand hat Harry trotz der Hürde zum Turnier angemeldet, und so muss er als vierter Teilnehmer ins Rennen ziehen, und unter anderem gegen einen Drachen kämpfen. Wer auch immer dafür gesorgt hat dass Harry dabei ist, er scheint ihm nicht wohlgesonnen zu sein. Und im dramatischen Finale bewahrheitet sich diese Vermutung auch: Erzfeind Voldemort ist unter die Lebenden zurückgekehrt, und eine neue Zeit der Schreckensherrschaft ist angebrochen!

Wenn man sich als Harry-Potter-Kenner vor dem Film gefragt hat, wie das bis dahin dickste Buch in einen zweieinhalbstündigen Film gepresst werden kann, dann hat man nach dem Anschauen die Antwort: durch rigorose Kürzungen und teilweise ersatzloses Streichen einiger (wichtiger) Szenen. Damit muss man wohl leben, denn die Alternative wäre gewesen, aus einem Film zwei zu machen, und davon haben die Macher anscheinend aus Kostengründen abgesehen. So bekommt man dieses Mal also vom Schulalltag nicht sehr viel mit,

und auch die beliebten Szenen bei den Dursleys fallen diesmal weg. Einige Schlüsselfiguren wie Snape und Sirius Black werden an den Rand gedrängt und haben nur kaum erwähnenswerte Kurzauftritte. Der neue Lehrer in Verteidigung gegen die dunklen Künste, Professor Moody, hätte mehr Potential gehabt, als das, was aus ihm gemacht wurde. Sein magisches Auge wirkt eher wie aus einem Comic entsprungen. Und die Szenen mit der Quidditch-WM wirken völlig deplatziert, weil sie eben auf ein Minimum reduziert wurden.
Aber es gibt auch positives zu berichten. Die Stimmung des Buches wurde im allgemeinen gut eingefangen, es ist aber nun einmal nicht das stärkste der Reihe. Positiv zu überraschen wissen die Darsteller, allen voran Rupert Grint und Emma Watson, denen man einen eindeutigen Reifeprozess anmerken kann.

Der Film hat eigentlich alles, was man zu guter Unterhaltung braucht. Nur Leser des Buches werden an einigen Stellen enttäuscht sein. Eltern sollten übrigens erst einmal ohne ihre Kinder ins Kino gehen und dann entscheiden, ob diese den vierten Teil anschauen dürfen oder nicht. Denn gerade zum Ende hin geht es doch schon recht düster und dramatisch zu.

Head Of State

USA 2003, Länge: 95 Min.

R: Chris Rock, D: Chris Rock, Bernie Mac, Tamala Jones, Lynn Whitfield, Dylan Baker, Jude Ciccolella, Robin Givens, Stephanie March, Nick Searcy

Das hätte sich der Washingtoner Stadtrat Mays Gilliam (Chris Rock) in seinen kühnsten Träumen nicht vorgestellt: er soll Präsident der Vereinigten Staaten von Amerika werden. Zumindest wird er als Kandidat ins Rennen geschickt, und das als Schwarzer! Nicht schlecht für einen Tag, an dem eigentlich alles schief ging: das Auto gepfändet, die Freundin weg und der Job im Eimer! Aber jetzt soll ja alles anders werden. Dass dies aber nur ein geschickter politischer Schachzug ist, vermutet Mays am Anfang noch nicht. Niemand erwartet nämlich im Ernst, dass er gewinnt, und so ist er eine Marionette seiner Wahlkampfberater, angetreten um zu verlieren. Diese haben jedoch mit Mays' Engagement gerechnet. Mit seiner lockeren, ehrlichen und unkonventionellen Art zieht er immer mehr potentielle Wähler auf seine Seite.

US-Komiker Chris Rock hat diesen Film im Alleingang hergestellt: er war Hauptdarsteller, Koproduzent und Drehbuchautor! Das hat dem Film aber nicht unbedingt gut getan. Viele Fragen stellen sich dem Zuschauer! Warum zum Beispiel muss ein Film mit schwarzem Hauptdarsteller immer gleich überwiegend mit schwarzen Schauspielern besetzt sein? (Das gleiche gilt aber auch umgekehrt) So etwas wirkt immer wie eine Hollywood-gemachte Rassentrennung. Dazu tragen auch einige ärgerliche Klischees bei, denen sich der Film bedient.

Und was wollte Chris Rock eigentlich machen? Eine warmherzige Liebeskomödie? Einen Klamauk-Film? Eine politische Satire? Letzteres kommt einem in den Sinn, wenn man sich die mehr als unangebrachte Osama-Bin-Laden-Szene anschaut.

Hinzu kommt, dass die Story selbst nicht gerade neu ist. Ein Mann wird durch Intrigen zur Marionette von Politikern, dreht aber den Spieß um! Da fallen einem spontan „Dave" und „King Ralph" ein, allesamt besser gemacht als „Head of State".

Zugegeben, einige Gags zünden, aber wenn Chris Rock zum dritten Mal „Security" ruft, ist es nicht mehr witzig. Meistens wirkt der Humor nur aufgesetzt, etwa in der Szene als ein politischer Empfang zur Hip-Hop-Party verkommt, oder der Kopf von Mays am Mt. Rushmore ganz am Ende des Films.

Hide and Seek

USA 2005, Länge: 101 Min.

R: John Polson, D: Robert De Niro, Dakota Fanning, Elisabeth Shue, Famke Janssen, Amy Irving, Dylan Baker, Robert John Burke, Josh Flitter, Alicia Harding, Melissa Leo, James McCaffrey, Stewart Summers

Die Ehefrau des Psychologen David Callaway (Robert DeNiro) begeht Selbstmord. Um einen Neuanfang zu wagen und um seiner Tochter Emily (Dakota Fanning) das ganze etwas einfacher zu machen, zieht er mit ihr aus dem Trubel Manhattans in ein abgelegenes Haus in einer ländlicheren Region. Dort aber scheint sich Emily ebenfalls nicht wohl zu fühlen, bis sie eines Tages einen neuen Spielkameraden findet: ihren imaginären Freund Charlie. Jedoch scheint dieser weder Emilys Vater noch dessen neue Bekanntschaft Elizabeth (Elisabeth Shue) zu mögen, und bald wird aus dem harmlosen Versteckspiel bitterer Ernst...

Nachfolgend statt einer Kritik eine Liste von Filmen, aus denen die Story von „Hide and seek" zusammengeklaut ist: „The Shining" (anfängliche Kamerafahrt die den Weg des Autos verfolgt, besessener Vater in abgelegenem Haus), „Rosemary's Baby" (Titelmelodie), „Friedhof der Kuscheltiere" (der Waldweg), „Das geheime Fenster" (Auflösung am Ende), „Donnie Darko" (unsichtbarer Freund), „Addams Family" (Wednesday – Emily). Aus welchem Film die obligatorische Spieluhr stammt, kann man nicht sagen, da sie schon unzählige Male verwendet wurde, um eine gewisse Stimmung zu erzeugen.

Die meisten der eben aufgezählten Filme sind besser als „Hide and seek". Trotzdem kann man dem Film ein gewisses Potential nicht absprechen. Robert DeNiro und vor allem Dakota Fanning liefern eine beeindruckende darstellerische Leistung ab. Würde das Ende nicht allzu unbefriedigend und enttäuschend sein, dann wäre der der Film sicher mehr als durchschnittliche Hausmannskost.

The Hills Have Eyes

USA 2006, Länge: 107 Min.

R: Alexandre Aja, D: Ted Levine, Tom Bower, Kathleen Quinlan, Dan Byrd, Emilie de Ravin, Aaron Stanford, Vinessa Shaw

Lange bevor Wes Craven mit „Nightmare on Elm Street" und „Scream" bekannt wurde, drehte er im Jahre 1977 einen kleinen aber feinen Horrorschocker mit dem bedeutungsschwangeren Titel „The Hills Have Eyes". Dieser wurde im Zuge der momentan grassierenden Remake-Welle nun von dem in Genre-Kreisen nicht unbekannten Alexandre Aja neu aufgelegt.

Die Geschichte ist dabei nicht wahnsinnig neu, war es schon zu Zeiten des Originals nicht: Familie Carter befindet sich samt Wohnwagen auf dem Weg nach Californien, um Urlaub zu machen. An einer einsamen Tankstelle rät ihnen der Tankwart, eine Abkürzung durch die Wüste zu nehmen. Dass sie diesen Rat lieber nicht hätten befolgen sollen, bemerken die Carters leider erst zu spät. Denn die Wüste scheint nicht unbewohnt zu sein: Die Bewohner eines kleinen Kaffs, durch die US-Atomversuche in den vierziger Jahren entstellt und deformiert, haben es sich zum Hobby gemacht, ahnungslose Durchreisende abzuschlachten.

Was an „Texas Chainsaw Massacre" und „Wrong Turn" erinnert, entpuppt sich als einer des besten Horrorfilme der letzten Jahre. Schon der Vorspann mit seinen Zeitungsausschnitten und kurzen Einblendungen der Opfer der Atomtests macht neugierig und Lust auf mehr.
Zur Abwechslung bekommt dieses Mal nicht eine Teenie-Clique, sondern eine ganze Familie samt Baby ihr Fett weg. Der Film überrascht mit seinen untypischen Wendungen, denn nicht jedes Mal wenn jemand allein die Gruppe verlässt, war dies auch gleichzeitig sein Todesurteil. Ganz im Gegenteil: die Spannung baut sich langsam aber gewaltig auf, Schockmomente sind wohl dosiert. Dann aber, wenn es richtig losgeht, übt sich Regisseur Aja keinesfalls in Zurückhaltung. Krasse Tötungs- und Vergewaltigungsszenen werden dem Zuschauer dann geboten, Zartbesaitete sollten hier wegschauen. Diese Direktheit wirkt aber nicht platt, sondern konsequent.
Die angenehmerweise gänzlich unbekannten Schauspieler machen ihre Sache denn auch sehr gut, so gut, wie man eben in einem Horrorfilm agieren kann bzw. muss. Die Bösewichte sind keineswegs stumme und stupide Killer,

sondern agieren überwiegend mit Verstand und kommunizieren sogar über Funkgeräte miteinander. Das nimmt ihnen sicherlich einiges von ihrer Fremdartigkeit und Schrecklichkeit, bringt aber wieder ein gewisses Maß an Sympathie und Verständnis für ihre Situation mit sich. Denn letztendlich fragt man sich, wer das eigentliche Opfer ist: die ahnungslosen Touristen, oder die Wüstenbewohner, die der Experimentierfreudigkeit der Regierung schutzlos ausgeliefert waren und jetzt nur so etwas wie Rache üben wollen.
Der Zuschauer, wenn er denn mit einem guten Magen ausgestattet ist, sollte dies für sich selbst entscheiden, einen guten Film bekommt er alle Male zu sehen!

Hollywood Cops (Hollywood Homicide)

USA 2003, Länge: 111 Min.

R: Ron Shelton, D: Harrison Ford, Josh Hartnett, Keith David, K.D. Aubert, Choppa, Kathi Copeland, Kevin Daniels, Lolita Davidovich, Ronald de Voe, Darrell Foster, Bruce Greenwood, Gladys Knight, Kurupt, Martin Landau

Der erfahrene LAPD Cop Joe Gavilan (Harrison Ford) soll mit seinem jungen Kollegen K.C. (Josh Hartnett) einen mehrfachen Mord in der lokalen Hip-Hop-Szene aufklären. Dabei kommen sie den finsteren Machenschaften eines Musikproduzenten auf die Schliche. Nebenbei muss sich Gavilan noch mit der Dienstaufsicht und einigen finanziellen Problemen herumärgern. K.C. hingegen möchte am liebsten Schauspieler werden und gibt in seiner Freizeit Yoga-Kurse, bevorzugt für junge hübsche Damen.

Was sich nach verworrener Story und unglaubwürdigen Charakteren anhört, entpuppt sich als astreines Buddy-Movie. Vor allem Harrison Ford brilliert als mürrischer Haudegen, was Erinnerungen an die guten alten Indiana Jones Tage weckt. Josh Hartnett weiß zwar auch zu gefallen, bleibt aber insgesamt etwas blasser.

Wenn man von einigen Ungereimtheiten und Klischees in der Story einmal absieht, erwartet einen ein mehr als unterhaltsamer Film mit guter Musik und köstlichen Szenen, etwa die Verfolgung eines verdächtigen Schwarzen, bei der Gavilan im Auto, sein Partner jedoch zu Fuß unterwegs ist. Nicht zu vergessen der wunderbare Cameo-Auftritt von Eric Idle als „celebrity“, der das Herz eines jeden Monty-Python-Fans höher schlagen lässt.

Hui Buh - Das Schlossgespenst

D 2006, Länge: 98 Min.

R: Sebastian Niemann, D: Michael "Bully" Herbig, Christoph Maria Herbst, Heike Makatsch, Rick Kavanian, Hans Clarin, Wolfgang Völz, Oliver Pocher

Das Schlossgespenst Hui Buh (Michael Herbig), das seit mittlerweile 500 Jahren mehr oder weniger erfolgreich auf Schloss Burgeck spukt, hat ein Problem: König Julius der 111. (Christoph Maria Herbst) möchte auf dem Anwesen seine Verlobte, die Gräfin Etepetete (Heike Makatsch), ehelichen. Da es dann mit der Ruhe vorbei wäre, versucht Hui Buh alles, um die unliebsamen Gäste loszuwerden. Damit ist jedoch König Julius so gar nicht einverstanden, und verbrennt kurzerhand die Spuklizenz des Gespenstes. Das ruft die Geisterbehörde auf den Plan: falls Hui Buh nicht innerhalb von zwei Tagen seine Prüfungen wiederholt, muss er zur Strafe in die gefürchtete „Seelensuppe". Aber auch der König hat Sorgen: er ist pleite, und muss dringend seinen Gefolgsleuten ihren Lohn zahlen. Zufälligerweise hat Hui Buh einen Schatz im Schloss versteckt. Und so gehen die Rivalen einen Deal ein: Geisterexperte Julius hilft bei den Prüfungen, und bekommt im Gegenzug das dringend benötigte Kleingeld...

Der Film basiert auf der äußerst erfolgreichen Hörspielserie von Eberhard Alexander-Burgh. Allein die Rechte an der Verfilmung zu bekommen war für die Produzenten gruselig schwer, da der Schöpfer sein Baby nur gegen das entsprechende Kleingeld freigeben wollte, welches er dann auch großzügig einem wohltätigen Zweck zukommen ließ.

Zahlreiche deutsche Comedystars wurden für den Film verpflichtet, allen voran Michael Herbig („Der Schuh des Manitu"), den man allerdings nur in den ersten Minuten „in echt" bewundern darf, den Rest des Films ist er als computeranimiertes Gespenst unterwegs. Dieser Schachzug lässt erkennen, wohin die Macher mit dem Film wollen: sicherlich ist Hui Buh immer noch ein Film für Kinder, jedoch soll auch ein erwachsenes Publikum angesprochen werden. Und bei manchen Szenen, beispielsweise wenn einer Mumie der Arm abgerissen wird, fragt man sich wirklich, ob das ganze auch für den Nachwuchs geeignet ist. Technisch ist „Hui Buh" einwandfrei und braucht sich in dieser Hinsicht kaum hinter „Harry Potter" und co. zu verstecken. Dass jedoch eindeutige Anleihen beim Zauberlehrling genommen wurden, wird spätestens dann klar, wenn man den kleinen Sohn der Zofe Konstanzia nachts illegalerweise durchs Schloss schleichen und den Erwachsenen nachspionieren sieht.

Die meisten der Witze treffen denn auch ins Schwarze, so dass einem anspruchslosen, aber unbeschwerten Kinoabend nichts im Wege steht.

Ich bin Dina (I am Dina)

S/F/NOR/D/DK 2002, Länge: 125 Min.

R: Ole Bornedahl, D: Maria Bonnevie, Gerard Depardieu, Christopher Eccleston

Norwegen im 19. Jahrhundert: Seit die kleine Dina versehentlich den Tod ihrer Mutter verschuldet hat, schottet sie sich komplett nach außen ab und lebt in ihrer eigenen Welt. Nur ihr Lehrer Lorch findet einen Zugang zu ihr und hilft Dina, den Tod der Mutter als eine Art Erlösung anzusehen. Seit diesem Zeitpunkt hat der Tod für sie eine besondere Bedeutung. Als Dina erwachsen ist, heiratet sie auf Geheiß ihres Vaters den viele Jahre älteren Kaufmann Jacob (Gerard Depardieu), obwohl sie sich von diesem nicht verstanden fühlt. Eines Tages stirbt auch er - durch Dina's Mithilfe. Erst als sie den russischen Anarchisten Leo Zhukovsky (Christopher Eccleston) kennen lernt, ändert sich ihre Lebenseinstellung. Dina beginnt, Liebe und Tod voneinander zu trennen.

Schwere Kost liefert und Ole Bornedahl mit dieser Literaturverfilmung und richtet sich dabei an den anspruchsvollen Zuschauer. Grundlegende Motive des menschlichen Daseins wie Religion, Schuld, Tod, Liebe und Körperlichkeit werden angeschnitten und verarbeitet. Die Fülle der Themen sorgt jedoch dafür, dass man sich etwas überfordert und förmlich erschlagen fühlt, da das ganze auch nur halbherzig umgesetzt wurde. Und mit seinen gut zwei Stunden ist der Film eindeutig einen Tick zu langatmig geraten. Ein Film, gemacht für Filmfestspiele, um dort Preise abzusahnen, die breite Masse jedoch wird nichts damit anfangen können.

Ich, du und der Andere (You, me and Dupree)

USA 2006, Länge: 108 Min.

R: Anthony Russo, Joe Russo, D: Owen Wilson, Matt Dillon, Kate Hudson, Michael Douglas

Carl (Matt Dillon) und Molly Peterson (Kate Hudson) sind ein frisch verheiratetes Ehepaar. Carl hat einen tollen Job in der Firma von Mollys Vater (Michael Douglas), sie wohnen in einem netten Haus, und die Liebe ist stärker denn je. Alles könnte so prima sein, wenn da nicht Carls bester Kumpel Dupree (Owen Wilson) wäre, der Job und Wohnung verloren hat, und sich deshalb "für ein paar Tage" bei den beiden einnistet. Aus Tagen werden Wochen, und Dupree richtet mehr als einmal ein heilloses Chaos an. Das ganze wird langsam aber sicher auch zur Belastung der jungen Ehe. Hinzu kommt, dass sein Schwiegervater anscheinend keine Gelegenheit ausläßt, Carl zu demütigen...

Bei dieser leichten Komödie stimmt fast alles: Die Story ist witzig, die Figurenkonstellation könnte besser kaum gewählt sein, und die Darsteller sind mit Spaß bei der Sache. Allen voran Owen Wilson als sympathischer Loser, der von einem Fettnäpfchen ins nächste stolpert. Lustiger Höhepunkt: die Verfolgungsjagd mit dem Sicherheitschef in der Firma von Carl. Da kommen die Lachmuskeln kaum zum Stillstand. Schade nur, dass der Film sich gegen Ende etwas in Gefühlsduselei verliert, und somit nicht konsequent genug eine Komödie bleibt. Sonst gibts eigentlich nix zu meckern!

Identität (Identity)

USA 2003, Länge: 90 Min.

R: James Mangold, Darsteller: John Cusack, Ray Liotta, Amanda Peet, Alfred Molina, John Hawkes, Clea DuVall, John C. McGinley, Jake Busey, William Lee Scott, Rebecca De Mornay, Pruitt Taylor Vince, Marshall Bell, Carmen Argenziano, Brent Loehr, Leila Kenzle

Ein Unwetter tobt. Dauerregen. Viele Straßen sind überflutet, nichts geht mehr. Schauplatz: ein einsames Motel. Dorthin verschlägt es zehn Menschen aus ganz unterschiedlichen Gründen. Eine alternde Schauspielerin (Rebecca „Die Hand an der Wiege" DeMornay) ist mit ihrem Chaffeur (John „High Fidelity" Cusack) unterwegs. Dieser überfährt aus Versehen eine Frau, die ihrem Mann den Schirm hält, während dieser einen geplatzten Reifen wechselt, der vom spitzen Absatz eines Schuhs durchbohrt wurde, den ein Callgirl (Amanda Peet) zuvor verloren hat. So sind die Schicksale dieser Menschen miteinander verquickt, und alle landen in dem besagten Motel. Die Lage spitzt sich zu, als ein Polizist mit einem gefangenen Massenmörder aufkreuzt, und ebenfalls Schutz vor dem Unwetter sucht. Es kommt wie es kommen muss: der Gefangene bricht aus, es gibt die ersten Toten. Dann eine weitere Überraschung: alle Anwesenden haben am gleichen Tag Geburtstag...

Der Film beginnt durchaus spannend und kraftvoll. Die Atmosphäre ist stimmig und die Charaktere könnten unterschiedlicher nicht sein. Auch die schauspielerische Leistung geht durchaus in Ordnung. Dabei weiß vor allem John Cusack zu gefallen.
Die Story ist natürlich der typische zehn-kleine-Negerlein-Plot. Wie so oft weiß man schon sehr früh, welchen Akteur es als nächstes erwischen wird, und wer am längsten überlebt. Trotzdem gibt es einige spannende Momente.
Leider wird der Film jedoch zum Ende hin immer verworrener, und die „Auflösung" weiß den soliden Slasher-Fan keineswegs zu befriedigen. Was anscheinend als geschickter Kunstgriff geplant war, verdirbt einem den ganzen Spaß am Rest des Films.

I, Robot

USA 2004, Länge: 116 Min.

R: Alex Proyas, D: Will Smith, Bridget Moynahan, James Lassiter, Wyck Godfrey, Michael Shane, Anthony Romano

Chicago, Mitte des 21. Jahrhunderts: Roboter gehören mittlerweile genauso selbstverständlich zum alltäglichen Leben wie etwa Autos. Sie verrichten Arbeiten aller Art und fast jeder Haushalt ist im Besitz eines solchen Androiden. Durch die "drei Roboterregeln" ist gesichert, dass niemals ein Roboter einem Menschen Schaden zufügen kann. Einzig und allein Detective Spooner (Will Smith) von der Mordkommission steht den Maschinenmenschen misstrauisch gegenüber. Und als es zu einem ungeklärten Mordfall im Zusammenhang mit einem Roboter kommt, scheinen sich seine Vorurteile auch zu bewahrheiten...

Was auf den ersten Blick wie ein billiger "Terminator"-Abklatsch wirkt, entpuppt sich beim zweiten Hinsehen als die Verfilmung einer Geschichte von Isaac Asimov, der schon vor mehr als 40 Jahren mit der Vorstellung spielte: "was wäre, wenn Roboter ein Bewusstsein entwickeln?" Aus diesem Zyklus wurde vor einiger Zeit auch "Der 100-Jahre-Mann" mit Robin Williams verfilmt, wobei sich dieser Streifen vor allem an ein jüngeres Publikum richtete und auch nicht sonderlich erfolgreich war.
In "I, Robot" jedoch geht es härter zu: Horden von Robotern greifen die Menschen an, und die Lage scheint fast aussichtslos. Visuell wurde das ganze sehr glaubwürdig dargestellt, die CGI-Figuren fügen sich nahtlos ins Geschehen ein und sehen wirklich sehr gut aus. Dabei stiehlt der Roboter "Sonny" fast dem Hauptdarsteller Will Smith die Schau, obwohl dieser wie gewohnt cool und lässig auftritt.
Obwohl der Film eine recht lange Laufzeit hat, weiß er durch geschickte Tempowechsel und spektakuläre Kamerafahrten von Anfang an zu fesseln. Deshalb kann der Besuch jedem, der nur ein Fünkchen Begeisterung für Science-Fiction oder Will Smith übrig hat, wärmstens empfohlen werden.

Kill Bill Vol. 1

USA 2003, Länge: 108 Min.

R: Quentin Tarantino, D: Uma Thurman, Lucy Liu, David Carradine, Michael Madsen, Sonny J.J. Chiba, Daryl Hannah, Woo-ping Yuen, Vivica A. Fox, Julie Dreyfus, Chiaki Kuriyama, Gordon Liu, Michael Parks

Eine junge Frau liegt am Boden. Sie blutet aus zahlreichen Wunden. Sie atmet schwer. Plötzlich taucht eine Männerhand auf, und wischt ihr mit einem Taschentuch einen Teil des Blutes aus dem Gesicht. Das Taschentuch gehört Bill, und die Frau ist eine Braut: es ist der Tag ihrer Hochzeit. Dann ein Schuss – und die Frau scheint tot zu sein.

Mit diesen krassen, aber stimmungsvollen schwarz/weiß-Bildern beginnt der lange erwartete vierte Film des viel gepriesenen Regisseurs Quentin Tarantino.
Die Story ist simpel: „Die Braut", ehemalige Angehörige einer Killer-Spezialeinheit wird am Tag ihrer Hochzeit von ihrem Ex-Boss Bill und seinen Leuten angegriffen. Alle Anwesenden inklusive Bräutigam werden ermordet, auch die Braut, die zum Zeitpunkt des Attentats obendrein schwanger war, scheint tot zu sein. Jedoch hat sie wie durch ein Wunder überlebt, lag 4 Jahre im Koma und hat nun nur noch ein Ziel: Bill und alle am grausamen Massenmord beteiligten Personen zu töten!

Quentin Tarantino hat sich mit diesem Film einen Jugendtraum erfüllt. In seiner Zeit als Aushilfskraft in einer Videothek wurde er einerseits zum wandelnden Filmlexikon, andererseits aber auch zu einem Liebhaber von Italo-Western und Kung-Fu-Filmen. Und diese Liebe lebt er in „Kill Bill" voll und ganz aus. Die Geschichte selbst mit ihrem Rache-Motiv erinnert zum Beispiel an den typischen Spaghetti-Western. Was den visuellen Stil betrifft wurde wiederum vieles von alten Hongkong-Streifen entlehnt. Das beginnt schon vor dem eigentlichen Film, als Schriftzüge in schlechter Qualität eingeblendet werden, die den Film ankündigen sollen. Über den gelben Kampfanzug, den Uma Thurman trägt und die Masken aus diversen Bruce-Lee-Filmen („Game of Death", „The green Hornet") wurde schon viel berichtet, deshalb werden sie hier nur kurz erwähnt. Diese Detailverliebtheit zieht sich durch den kompletten Film.
Den Kampfsequenzen merkt man ihre akribische Choreographie an, und sie heben sich wohltuend vom Matrix-Einheitsbrei der letzten Jahre ab. Das liegt am „Oldschool"-Stil, den Tarantino benutzte. Das heißt: keine

Computerunterstützung, keine Fäden, an denen die Schauspieler hängen, alles ist von Hand gemacht. Selbst das spritzende Blut kommt wie zu besten Hongkong-Zeiten aus mit Farbe gefüllten Kondomen in den Händen der Darsteller.
Hier kommen wir zu einem markanten Punkt: die übertriebene Gewaltdarstellung. Kill Bill ist sicher nichts für schwache Gemüter, außer man möchte gern sehen, wie Menschen in der Mitte von einem Schwert zweigeteilt werden oder ihnen diverse Gliedmaßen abgehackt werden. Der Regisseur verteidigt die rüden Szenen mit der Aussage, der Film sei von jedermann als reine Fiktion zu erkennen und die Gewalt bekomme deshalb einen fast comicartigen Charakter. Dies ist sicherlich richtig, es verwundert nur, warum Streifen ungeschnitten in die deutschen Kinos kam.

Den Darstellern wird schauspielerisch nicht viel abverlangt, dafür aber körperlich umso mehr. Vor allem Uma Thurman und Lucy Liu machen ihre Sache sehr gut.
Bei aller Härte kann man übrigens trotzdem den typischen, leicht ironischen Humor Tarantinos entdecken, was einen guten Ausgleich zu den andauernden Action-Sequenzen darstellt.
Bei einem Fazit tut man sich sehr schwer: Kill Bill ist keine leichte Kost, sprüht aber vor tollen Einfällen und Kreativität. Es wurden sämtliche erdenklichen Stilmittel verwendet, einige Szenen wurden sogar als waschechter Zeichentrickfilm gedreht. Dann wiederum überzeugt der Film wieder mit poetischen, fast surrealistischen Bildern und toller Musik.

Kill Bill Vol. 2

USA 2004, Länge: 127 Min.

R: Quentin Tarantino, D: Uma Thurman, David Carradine, Michael Madsen, Darryl Hannah, Samuel L. Jackson

Nach langer Wartezeit ist es nun endlich soweit: die Fortsetzung von Kill Bill ist in den Kinos!
Erinnern wir uns: in Teil eins haben wir die Braut (Uma Thurman) kennen gelernt, die am Tag ihrer Hochzeit von Ex-Freund und Ex-Arbeitgeber Bill (David Carradine) und seiner vierköpfigen Killertruppe fast getötet wird. Nach 4-jährigem Koma kennt sie nur noch einen Gedanken: Rache! Die schwarze Vernita Green (Vivica A. Foxu) und die Chefin der Tokioter Unterwelt, O-Ren Ishii (Lucy Liu) wurden von ihr bereits eliminiert.
Und hier beginnt der zweite Teil! Als nächstes ist Bud (Michael Madsen) an der Reihe, Bills Bruder. Er lebt mittlerweile in einem heruntergekommenen Wohnwagen und arbeitet aus Rausschmeisser in einem Strip-Lokal. Nachdem auch dieser erledigt ist, bleibt nur noch Elle Driver (Darryl Hannah), so etwas wie die rechte Hand von Bill. Sie erweist sich als harter Brocken, hat jedoch einen Makel: sie hat nur ein Auge! Das wird ihr im Kampf mit der Braut zum Verhängnis.
Jetzt ist der Weg frei für das große Finale: die Konfrontation mit Bill! Jedoch gibt es eine Überraschung: als der Anschlag auf die Braut verübt wurde, war diese schwanger – von Bill! Und die gemeinsame Tochter scheint ebenfalls überlebt zu haben!

Quentin Tarantino bezeichnet den ersten Teil als Eastern, den zweiten als Western! Und das ist auch durchaus zutreffend. Dieser Eindruck wird schon allein durch die unterschiedlichen Handlungsorte vermittelt. Der Kampf zwischen der Braut und O-Ren Ishii , in dessen Zeichen der komplette erste Film steht, findet beispielsweise in asiatischem Ambiente statt. Statt großer Dialoge wird viel gekämpft und eine Menge Blut spritzt. Nicht zu vergessen den Zeichentrickfilm-Teil, der an Animes erinnert und O-Ren's Kindheit skizziert.
Die Fortsetzung hingegen trägt eine komplett andere Handschrift. Ein Großteil der Szenen spielt sich in El Paso, Texas ab und die Kämpfe sind zumeist jugendfrei. Lediglich die Lehrjahre der Braut bei Meister Pei Wei erinnern noch an alte Hongkong-Streifen. Und noch etwas: es wird sehr viel geredet, so wie man es aus anderen Tarantino-Filmen kennt. Leider teilweise etwas zu viel.

Kultverdächtige Dialoge wie in Pulp Fiction findet man eher selten. Auffällig werden in diesem Zusammenhang nur die Rolle des schwarzen Orgelspielers in der Kirche und die von Buds Arbeitgeber.
Die spärlichen Action-Sequenzen sind dann natürlich wieder sehr gut choreographiert. Trotzdem hinterlässt der Film einen leicht faden Nachgeschmack, weil man durch den ersten Teil doch an einen sehr hohen Standard gewöhnt wurde.

Kleinruppin forever

D 2004, Länge: 103 Min.

R: Carsten Fiebeler, D: Tobias Schenke, Anna Brüggemann, Michael Gwisdek, Uwe Kockisch, Tino Mewes, Toni Snetberger, Florian Panzner, Sebastian Kröhnert

DDR, 1967: Die neugeborenen Zwillinge Ronny und Tim werden von ihren Eltern getrennt, diese verunglücken tödlich. Während es Ronny in das Provinzkaff Kleinruppin verschlägt, kommt Tim durch Zufall in die BRD zum Adoptiveltern nach Bremen.
18 Jahre später: Tim steht vor dem größten Schritt seines Lebens: als Tennisprofi nach Florida zu gehen. Erst jedoch steht eine Klassenfahrt an: in die DDR! Und dort kommt das unvermeidliche: Er begegnet seinem Zwillingsbruder. Dieser hat natürlich nur eines im Sinn: anstelle von Tim in den Westen fahren. Da dies letztlich auch gelingt, sitzt Tim jetzt etwas unfreiwillig in der "Zone " fest. Doch schnell entdeckt er auch die angenehmen Seiten in Form der süßen Krankenschwester Jana...

Etwas verspätet kommt ein Nachzügler, der wohl auf der "Goodbye Lenin"-Welle mitschwimmen will. Eines muss man dem Film zugute halten: durch das ausschließliche Verwenden von DDR-Autos wirkt er zumindest in diesem Punkt halbwegs authentisch. Alles andere jedoch ist ein oberpeinliches Bedienen von Ost-Klischees angefangen mit den Bananen bis hin zum sächsischen Dialekt oder den Möchtegern-Stasi-Beamten. Und um dem Zuschauer zu zeigen, dass der Film auch wirklich im Osten spielt, wurden überall lustige Lenin-Plakate und DDR-Fähnchen aufgehängt. Für jemand, der die damalige Zeit live miterlebt hat, ist so etwas fast schon eine Frechheit. Wenn der Film wenigstens die aus dem wesentlich stimmungsvolleren "Goodbye Lenin " bekannten leisen ironischen Untertöne anschlagen würde, wäre die Sache noch halbwegs in Ordnung. Aber im Gegenteil: die Witze bewegen sich auf konstant niedrigem Niveau, so dass das ganze nicht auszuhalten ist. Finger weg!!!

Kops

S 2003, Länge: 91 Min.

R: Josef Fares, D: Fares Fares, Torkel Petersson, Eva Röse, Göran Ragnerstam, Sissela Kyle, Christian Fiedler

Schauplatz: ein Polizeirevier in einem schwedischen Provinzkaff. Dort arbeiten 5 Menschen. Jakob ist ein schnauzbärtiger, langhaariger allein erziehender Vater, der von einem erfolglosen Blind-Date zum nächsten rennt. Lasse und Agneta sind ein Ehepaar Ende vierzig, bei dem Routine eingekehrt ist und das nur noch durch den gemeinsamen Job verbunden wird. Er nörgelt über ihre hängenden Brüste, sie über seinen dicken Bauch. Dann gibt es da noch Benny, der am liebsten ein Action-Held sein würde und sich in seinen Phantasien ausmalt, die Gangster reihenweise zu erledigen. Eigentlich strickt er aber gerne und trägt ein Toupet. Der letzte im Bund ist Folke, der vermutlich schwul ist, gerne für seine Kollegen bäckt und vergeblich versucht, seinem Hund Kunststückchen beizubringen.

Eigentlich ist die Polizeiwache überflüssig in dem Dorf, denn es passiert absolut nichts, die Kriminalitätsrate ist praktisch gleich Null. Die Highlights der Cops sind dann auch die täglichen Mittagspausen oder die gemeinsamen Hockey-Spiele.

Das hat wohl auch die nächsthöhere Behörde mitbekommen und so wird eines Tages beschlossen, die Wache zu schließen und die Polizisten in andere Orte zu versetzen, wo sie dringender benötigt werden. Völlig logisch, dass diese sich das nicht gefallen lassen, wollen sie doch ihren Heimatort und die vertraute Umgebung nur ungern verlassen.

Und plötzlich sieht es auch so aus, als würden die Gesetzeshüter mehr denn je benötigt: es gibt einen Brandanschlag auf die lokale Würstchenbude, im Wald findet eine wilde Schießerei statt und auch ein Ladendiebstahl ist zu vermelden. Höhepunkt dieser Aktivitäten ist aber die Entführung eines Kindes, verbunden mit einer hohen Lösegeldforderung. Daraufhin wird ein Sondereinsatzkommando in das Dorf geschickt, und die Ereignisse gipfeln darin, dass Jakob und Benny mit Handschellen zusammengekettet im Wald vorgefunden werden, während Benny gerade sein Geschäft verrichtet. Wie es dazu gekommen ist und was es mit dem plötzlichen Anstieg der Kriminalität auf sich hat, muss sich der geneigte Kinogänger schon selbst anschauen!

Mit „Kops“ wurde eine ungewöhnliche Komödie voller skurriler Typen aus Schweden vorgelegt. Anfangs hat man noch den Eindruck, dass billige Lacher und Slapstick der Hauptbestandteil des Films seien. Doch im Verlauf der Handlung kommen immer mehr Aspekte und ungewöhnliche Ideen hinzu, die den Film wirklich sehenswert machen. Mit viel Lokalkolorit wird der Zusammenhalt einer Truppe gezeigt, die sich dagegen wehrt, den Status Quo aufzugeben. Von den Gags ist ein Großteil als sehr gelungen zu bezeichnen. Immer wieder werden dabei auch leisere Töne angeschlagen.

Für alle, die einmal eine etwas andere Komödie sehen möchten, ist „Kops“ genau das richtige. Jedoch gibt es sicherlich auch einige, die mit dem Film nichts anfangen können.

Kung Fu Hustle (Gong Fu)

HK 2004, Länge: 95 Min.

R: Stephen Chow, D: Stephen Chow, Wah Yuen, Qui Yuen, Kwok Kuen Chan, Siu Lung Leung, Dong Zhi Hua, Xing Yu

Stephen Chow ist ein Hong-Kong mindestens ebenso bekannt wie Jackie Chan oder Jet Li. Hierzulande gelang ihm vor einigen Jahren mit "Shaolin Soccer" ein Achtungserfolg. Mit "Kung Fu Hustle" legt der ausgewiesene Bruce-Lee-Fanatiker erneut eine Martial-Arts-Komödie vor.

Die gefürchtete Axt-Gang verbreitet überall Angst und Schrecken. Als sie jedoch in ein kleines, harmlos aussehendes Dorf einfallen, stoßen sie auf unerwarteten Widerstand. Anscheinend leben dort nämlich im Verborgenen einige Kung-Fu-Meister, die der Gang das Leben zur Hölle machen. Da kommen Sing (Stephen Chow) und sein dicker Kumpel gerade recht. Sie sind zwei Trottel auf ganzer Linie und würden doch so gern der Gang angehören und richtig gemeine Verbrecher sein. Sie sollen den Superkämpfer "Beast" aus dem Irrenhaus befreien, welcher der Axt-Gang gegen die Dorfbewohner behilflich sein soll. Als sich herausstellt, dass Sing eine Art Auserwählter ist, der mit besonderen Fähigkeiten ausgestattet wurde, stellt dieser sich auf die Seite der Dorfbewohner.

Trotz der hanebüchenen Geschichte (wenn es überhaupt eine gibt) wird einem nie langweilig. Die ausgefallene Optik, die abgefahrenen Einfälle und der teilweise krasse Humor sorgen für beste Unterhaltung. Zusätzlich ist "Kung Fu Hustle" mit einigen Filmzitaten gespickt, etwa der Blut-Szene aus "The Shining". Auf liebevolle Weise wird zudem das Genre des Kung-Fu-Films auf die Schippe genommen. Nur ab und zu denkt man sich: ok, das ist jetzt einfach zu viel des guten.

L.A. Crash

USA 2005, Länge: 113 Min.

R: Paul Haggis, D: Sandra Bullock, Don Cheadle, Matt Dillon, Jennifer Esposito, William Fichtner, Brendan Fraser, Ludacris, Thandie Newton, Ryan Phillippe, Larenz Tate, Nona Gaye

Szenen in Los Angeles: Ein arabischer Ladenbesitzer (Shaun Toub) geht mit seiner neu gekauften Waffe auf den lateinamerikanischen Handwerker Daniel (Michael Pena) los, weil er mit dessen Arbeit nicht zufrieden ist. Derweil ermittelt ein Cop (Don Cheadle) in einem offensichtlich rassistisch motivierten Mord an einem schwarzen Kollegen. Ein junges farbiges Ehepaar gerät in eine Polizeikontrolle, einer der beiden weißen Polizisten (Matt Dillon) nutzt die Situation schamlos aus und belästigt die Frau sexuell. Und der Staatsanwalt Cabot (Brenadan Fraser) wird mit seiner Frau (Sandra Bullock) auf offener Straße überfallen, zwei Schwarze stehlen ihren Wagen.

Den moralischen Zeigefinger hoch erhoben, hat Regisseur Paul Haggis mehrere Episoden verfilmt, die das Thema Rassenhass und Diskriminierung aufgreifen. Dabei treffen, so ist das nun einmal in L.A., die verschiedensten ethnischen Gruppen aufeinander, und keiner kann den anderen leiden. Auch wenn der Film sicherlich seine starken Momente hat, und wohl auch den einen oder anderen Oscar einheimsen wird, kann er nicht auf ganzer Linie überzeugen. Dazu wirkt die Story einfach zu überzogen und klischeebeladen.

Land Of The Dead

CAN/USA 2005, Länge: 93 Min.

R: George A. Romero, D: Simon Baker, Dennis Hopper, Asia Argento, Robert Joy, John Leguizamo

Nachdem in den letzten Jahren das Subgenre des Zombiefilms eine wahre Renaissance erleben durfte, gibt es nun die Rückkehr vom Begründer eben dieses Genres: George A. Romero, der 1968 mit "Die Nacht der lebenden Toten" eine wahre Lawine losgetreten hat. Es folgten noch zwei weitere Filme, "Dawn od the dead" und "Day of the dead", beide noch härter als das Original. So hart, dass sie lange Zeit in Deutschland auf dem Index standen. Die ersten beiden Filme wurden in den vergangenen Jahren schon neu verfilmt, "Day of the dead" hingegen wartet noch auf sein Remake. Jetzt dürfen wir aber Teil vier der Zombie-Saga im Kino erleben.

Nur noch wenige Menschen leben auf der Erde, zusammengepfercht in Großstädten. Außerhalb dieser Gebiete wimmelt es von lebenden Toten, die einen Heißhunger auf Frischfleisch haben und jeden Menschen durch einen Biss zu einem der ihren machen. Innerhalb der Großstädte gibt es wiederum soziale Strukturen, die Reichen leben im sogenannten "Fiddler's green", einem luxuriösen Hochhauskomplex. Die Armen jedoch müssen auf den Straßen ums Überleben kämpfen. Und die Gefahr durch die Zombies nimmt auch immer weiter zu, da sie eine Art Intelligenz entwickeln zu scheinen und sogar einen Anführer haben...

Ob es eine gute Idee von Romero war, im 21. Jahrhundert nochmal auf dem Regiestuhl Platz zu nehmen und einen Zombiefilm zu drehen, das sei dahingestellt. Denn mittlerweile gibt es mit "Resident Evil" und "28 days later" eine neue Genration von Filmen, die eine neue Generation von Zuschauern ansprechen. Rennende Zombies, hippe Musik, das ist der Stoff für das Handy-Zeitalter. Da wirkt Romero mit seinen schlurfenden Untoten und seiner Sozialkritik fast ein wenig deplatziert. Wobei gerade das die Aspekte sind und waren, die seine Filme so interessant gemacht haben. Und natürlich nicht zu vergessen die extreme Brutalität, mit der er seine "Monster" hat agieren lassen, und weswegen seinerzeit die FSK auf die Barrikaden ging. Jetzt ist der Altmeister aber mit genau diesen Dingen zurück, und er bleibt seiner Linie absolut treu um das fortzuführen, was er in "Day of the dead" beendet hatte. Damit verbunden ist auch die neue Intelligenz der Zombies, welche sich im

Vorgänger zum Beispiel mit dem Zombie "Bub" ja schon angedeutet hatte. In "Land of the dead" wird dieses Spiel aber ein wenig zu weit getrieben, denn die Interaktionen mit der Umwelt und die Emotionen der Zombies wirken reichlich fehl am Platz und nehmen letzteren einiges von deren Schrecken. Man vermisst auch die verstörenden Szenen, in der die Zombies mit minimalistischer Musik untermalt ihrem abartigen Mahl frönen. Zudem wirkt der Film an manchen Stellen schlicht und ergreifend langweilig, ein Indiz dafür, dass Romeros träger Inszenierungsstil nicht mehr recht in die heutige Zeit passt.

Die Erwartungen waren hoch, und werden leider nicht in allen Punkten erfüllt. Fans werden trotzdem zufrieden sein. Übrigens: wer genau hinschaut, erkennt in einer Szene Tom Savini, der in Teil 2 und 3 für die Maske verantwortlich war und als "Sex Machine" in "From dusk till dawn" bekannt geworden ist.

Lemony Snicket - Rätselhafte Ereignisse (Lemony Snicket's A Series of Unfortunate Events)

USA 2004, Länge: 108 Min.

R: Brad Silberling, D: Emily Browning, Liam Aiken, Jim Carrey, Timothy Spall, Jude Law, Meryl Streep, Billy Connolly, Jennifer Coolidge, Luis Guzman, Craig Ferguson, Jane Adams, Jamie Harris, Dustin Hoffman

Nachdem ihre Eltern durch ein Feuer auf rätselhafte Weise ums Leben gekommen sind, werden die Beaudelaire-Kinder Klaus (Liam Aiken), Violet (Emily Browning) und Sunny (Kara & Shelby Hoffman) zu Waisen. Von nun an soll ihr seltsamer Onkel Olaf (Jim Carrey) für sie sorgen. Der jedoch scheint nur an der dicken Erbschaft interessiert zu sein, welche die Beaudelaires hinterlassen haben. Er schikaniert die Kinder wo er nur kann und nutzt jede Gelegenheit, sie um die Ecke zu bringen. So wird ihm schließlich das Sorgerecht entzogen, und die Kinder werden zu einem weiteren Verwandten gebracht: Onkel Monty (Billy Conolly). Dieser scheint ganz nett zu sein, kommt jedoch recht bald ebenfalls ums Leben. Und auch Tante Josephine (Meryl Streep), die nächste Station der Kinder, verschwindet von der Bildfläche. Anscheinend hat der böse Onkel Olaf noch immer seine Finger im Spiel...

Die Story klingt nach einem Märchen, und das ist der Film im Grunde genommen auch. Eher ein Märchen für Erwachsene allerdings. An Tim Burton erinnernde, surrealistische Kulissen, eine morbide, zeitlose Atmosphäre und Jim Carreys geniale Verwandlungskunst zeichnen Lemony Snicket aus. Da verzeiht man denn auch einige Schwächen in der eigentlich recht belanglosen Handlung.

Lord of War

USA 2005, Länge: 122 Min.

R: Andrew Niccol, D: Nicolas Cage, Jared Leto, Ethan Hawke, Bridget Moynahan, Ian Holm

Der aus der Ukraine stammende Yuri Orlov (Nicolas Cage) will in kurzer Zeit möglichst viel Geld verdienen. Das elterliche Restaurant wirft so gut wie nichts ab, also versucht er sich mit seinem Bruder Vitali (Jared Leto) als Waffenhändler. Damit lässt sich, wie er feststellt, richtig viel Geld machen, zumal er bei einem Krieg immer beide Parteien beliefert. Bald gibt es kaum einen Konflikt auf der Erde, der nicht mit Orlovs Waffen ausgetragen wird. Aber er kann sich nicht auf seinen Lorbeeren ausruhen, denn der Ermittler Jack Valentine (Ethan Hawke) ist ihm ständig auf den Fersen...

Bitterböse kommt der neue Film von Andrew Niccol daher. Besonders die Anfangsszene bleibt in Erinnerung, als wir die Herstellung einer Gewehrkugel sehen, die letztendlich im Kopf eines afrikanischen Jungen landet. Waffenhandel als Thema für einen Film, das gab es bisher noch nicht. Und das bekam die Crew auf der Suche nach Geldgebern auch zu spüren. In ein solch unbequemes Thema wollte keine Firma in Hollywood investieren, so dass der Film aus privaten Mitteln auf die Beine gestellt wurde. Nicolas Cage bietet eine tolle und glaubwürdige Vorstellung als nicht unsympathischer Waffenhändler. Die anderen Schauspieler bleiben jedoch recht blass. Die Handlung ist durchgehend gut durchdacht und fesselt bis zum Schluss. Kein Wunder, basiert das ganze doch teilweise auf wahren Ereignissen. „Lord of war" ist ein aufrüttelnder Film mit einer Portion schwarzen Humors der allerzynischsten Sorte. Das ist sicherlich nicht jedermanns Sache, aber trotzdem auf jeden Fall einen Blick wert.

Mann unter Feuer (Man on Fire)

USA/MEX 2004, Länge: 146 Min.

R: Tony Scott, D: Denzel Washington, Dakota Fanning, Christopher Walken, Marc Anthony, Radha Mitchell, Giancarlo Giannini, Rachel Ticotin, Jesus Ochoa, Mickey Rourke, Angelina Pelaez, Gustavo Sanchez Parra, Gero Camilo, Rosa Maria Hernandez, Heriberto Del Castillo

Bodyguard Creasy (Denzel Washington) wird in Mexiko engagiert, Pita, die kleine Tochter des wohlhabenden Samuel (Marc Anthony) zu beschützen. Nach anfänglichen Schwierigkeiten entwickelt sich eine echte Zuneigung zwischen den beiden. Eines Tages kommt das Unvermeidliche: das Mädchen wird entführt, und eine Lösegeldforderung von 10 Mio. Dollar flattert ins Haus. Bei der Geldübergabe kommt es jedoch zu einem Zwischenfall in dessen Verlauf mehrere Menschen getötet werden. Wütend über diese Panne lassen die Entführer verlauten: das Mädchen lebt nicht mehr. Jetzt kennt Creasy nur noch eines: Rache nehmen und alle beteiligten Personen seinerseits töten.

Die Story: schon tausendmal da gewesen. Die Schauspieler: überwiegend fehl am Platz. Vor allem Christopher Walkens Talent scheint reine Verschwendung für diesen recht banalen Film. Die Filmlänge: viel zu aufgebläht, vor allem während der ersten Stunde, in der lediglich die Charaktere eingeführt werden, ansonsten aber rein gar nichts passiert. Dann kommt das Ganze jedoch noch halbwegs in Fahrt, und erschreckenderweise macht es sogar fast Spaß, Denzel Washington bei seinem Rache-Trip zuzuschauen.
Der Film wimmelt nur so von platten Machosprüchen und dummen Klischees. Bestes Beispiel hierfür die Ausgangssituation: Bodyguard mit gestörtem Verhältnis zu seiner Vergangenheit hat angefangen, seinen Frust im Alkohol zu ertränken.
Der visuelle Stil des Streifens weiß jedoch halbwegs zu überzeugen, Tony Scott arbeitet mit vielen Schnitten und ungewöhnlichen Kameraeinstellungen, oft wird zur Unterstreichung der Handlung unterschiedlich große Schrift eingeblendet.

Anscheinend basiert der Film auf einer wahren Begebenheit. Die häufigen Entführungen scheinen ja in Mexiko ein regelrechtes Problem zu sein. Man löst es aber sicherlich nicht, indem man das Publikum mit Filmen wie diesem traktiert.

Meine Frau, ihre Schwiegereltern und ich (Meet the Fockers)

USA 2005, Länge: 115 Min.

R: Jay Roach, D: Robert De Niro, Ben Stiller, Blythe Danner, Teri Polo, James Rebhorn, Jon Abrahams, Phyllis George, Kali Rocha, Thomas McCarthy, Nicole DeHuff, Owen Wilson

Greg Focker (Ben Stiller) hat es schon nicht leicht. Gerade hat er die Gunst seines konservativen Schwiegervaters Jack (Robert DeNiro) errungen, wartet schon die nächste Hürde auf ihn: Da bald geheiratet werden soll, möchten die Eltern seiner Verlobten Pam (Teri Polo) seine eigenen Eltern kennenlernen. Das Aufeinandertreffen gleicht einem Urknall, denn Ex-CIA-Agent Jack ist mit der lockeren Lebensweise der jüdischen Alt-Hippies Bernie (Dustin Hoffman) und Roz (Barbara Streisand) anscheinend gar nicht einverstanden, gemäß dem Motto "zeige mir deine Eltern und ich sage dir wer du bist"...

Erneut wurde das bewährte Konzept aus dem ersten Teil konsequent umgesetzt und um einige Humorquellen erweitert. Mit Robert DeNiro und Dustin Hoffman sind gleich zwei Schauspielerlegenden auf der Leinwand präsent, und sie spielen sich die Bälle zu dass es eine wahre Freude ist. Daneben geht der arme Ben Stiller fast unter und auch Barbara Streisand bleibt blass. Für eine Fortsetzung ist der Film recht gelungen, auch wenn der Medienhype im Vorfeld nicht ganz gerechtfertigt war.

Mindhunters

USA 2004, Länge: 106 Min.

R: Renny Harlin, D: Christian Slater, Val Kilmer, LL Cool J, Patricia Velasquez, Will Kemp. Kathryn Morris

Beim FBI zu arbeiten ist schon an sich eine Auszeichung. Ein so genannter Profiler zu sein gilt jedoch als Königsweg. Eine harte Schule muss durchlaufen werden und man muss sich in der Praxis beweisen. Ausbilder Harris (Val Kilmer) hat sich für seine Schützlinge etwas ganz besonderes ausgedacht: sie verbringen einige Tage auf einer abgeschiedenen Insel, wo das Militär eine komplette Stadt zu Übungszwecken aufgebaut hat. Hier sollen sie einen "Mörder" aufspüren und ein vollständiges Profil von ihm erstellen. Aus einer Übung wird jedoch tödlicher Ernst: einer nach dem anderen fällt einem echten Killer zum Opfer...

Zehn kleine Negerlein, die Geschichte ist im Prinzip nicht neu. Renny Harlin ("Die Piratenbraut") hat das ganze trotzdem recht spannend umgesetzt, die düstere Location trägt einiges dazu bei. Und bis zum Schluss gibt es ein Rätselraten, wer für die Morde verantwortlich ist. Nicht überragend, aber doch ganz nett.

Mission: Impossible 3

USA 2006, Länge: 126 Min.

R: J. J. Abrams, D: Tom Cruise, Ving Rhames, Keri Russell, Philip Seymour Hoffman, Jonathan Rhys Meyers, Lawrence Fishburne, Billy Crudup, Michelle Monaghan

Für den dritten Teil der Erfolgsserie rund um die Geheimbehörde IMF und deren Aushängeschild Ethan Hunt wurde der Schöpfer von "Lost" und "Alias", J. J. Abrams, verpflichtet, also quasi ein Spezialist im Bereich Abenteuer- und Spionagethriller. Blieb im Vorfeld die Frage, ob Abrams den Sprung vom TV-Bildschirm auf die große Leinwand schafft, und einen auch 2 Stunden am Stück zu unterhalten vermag.

Zur Handlung: Ethan Hunt (Tom Cruise) will seinen gefährlichen Job mehr oder weniger an den Nagel hängen, und lässt sich innerhalb der IMF in eine ruhigere Abteilung versetzen. Man könnte fast sagen, er ist sesshaft geworden, denn auch in den Hafen der Ehe ist er eingelaufen, seine Frau Julia (Michelle Monaghan) gibt ihm die sichere und stabile Komponente im Leben, die ihm bisher gefehlt hat. Mit der Ruhe währt es jedoch nicht lange, denn Hunt bekommt die Information, dass seine junge Kollegin Lindsey (Keri Russell), die er ausgebildet hat und für die er wie für eine jüngere Schwester fühlt, vom Waffenhändler Owen Davian (Philip Seymour Hoffman) entführt wurde. Mit einem Team von Kollegen macht sich Hunt zur Rettungsmission auf, die jedoch scheitert. Nun hat er aber den Zorn von Davian auf sich gezogen. Dieser trifft Hunt da, wo er am verwundbarsten ist: er entführt seine Frau...

Die eingangs gestellte Frage beantwortet sich schon nach den ersten Minuten: der Film ist ein wahres Feuerwerk an Explosionen und Action-Sequenzen, gewürzt mit dem für die Serie typischen Agenten-Flair. Dabei lässt einen Abrams vor Hochspannung kaum die Luft zum Atmen. Dass ab und zu die Logik auf der Strecke bleibt, kann man meistens verschmerzen. Interessant ist es, dass man einmal einen Einblick in die Gefühlswelt des Protagonisten erhält, der dadurch wesentlich menschlicher und verletzlicher wirkt. Wer die ersten beiden Teile mochte, ist hier genau richtig!

Mystic River

USA 2003, Länge: 138 Min.

R: Clint Eastwood, D: Sean Penn, Tim Robbins, Kevin Bacon, Laurence Fishburne, Marcia Gay Harden, Laura Linney, Kevin Chapman, Adam Nelson, Jenny O'Hara

Vor den Augen seiner Freunde Sean und Jimmy wird der kleine Dave von zwei Männern entführt und 4 Tage lang missbraucht. Ihm gelingt die Flucht, jedoch ist er nicht mehr der selbe...
Einige Jahrzehnte später kreuzen sich die Wege der drei erneut: Jimmy (Sean Penn) ist mittlerweile treusorgender Familienvater und Besitzer eines kleinen Ladens. Seine Tochter Katie liebt er über alles. Eines Abends wird ihr Auto leer aufgefunden, im Wagen klebt überall Blut. Jemand hat sie erschossen und ihre Leiche verschleppt. Ihr Vater denkt jetzt nur noch an eine Sache: den Mörder finden und töten!
Sean ist mittlerweile Polizist, und soll zusammen mit seinem Partner Whitey Powers (Laurence Fishburne) den Mord aufklären. Zudem steckt er gerade in einer Beziehungskrise und hatte seit einiger Zeit keinen Kontakt zu seiner Frau. Dave hat ebenfalls geheiratet und Nachwuchs bekommen. Er hat sein Kindheitstrauma nie überwunden. Welche Rolle er bei der Angelegenheit spielt, wird erst ganz am Schluss des Films geklärt.

Die neue Regiearbeit von Clint Eastwood besticht auf den ersten Blick durch ihre exzellente Besetzung mit Charakterdarstellern. Und die Darstellerriege liest sich auch wie das who-is-who der ernsthaften Hollywoodstars.
Eastwood hat mit seinen Filmen nicht nur vor der Kamera schon einige Lorbeeren eingeheimst. Und auch dieser Film wird von den Kritikern mit Lob überschüttet. Auf den ersten Blick erscheint das auch logisch: Die Geschichte ist intelligent aufgebaut und interessant.
Nichtsdestotrotz hat Mystic River ein großes Manko: er ist über weite Strecken schlicht und ergreifend langweilig. Was hätte man aus der Story alles machen können! Aber stattdessen plätschert der Film fast zweieinhalb Stunden dahin, um dann am Ende wenigstens noch einmal kurz zu beeindrucken.

Nacho Libre

USA 2006, Länge: 100 Min.

R: Jared Hess, D: Jack Black, Ana de la Reguera, Hector Jimenez, Darius Rose, Moises Arias, Cesar Gonzalez

Der Mönch Ignacio (Jack Black) lebt in einem Kloster in Mexico und arbeitet dort als Koch. Den dort beherbergten Waisenkindern muss er zu seinem Leidwesen jeden Tag ein karges Mahl vorsetzen. Seinen Traum, ein sogenannter Luchador, also Wrestler zu werden, macht er eines Tages kurzerhand wahr, indem er sich eine Maske aufsetzt, mit seinem Kumpel (Hector Jimenez) das Tag Team "Nacho und Esqueleto" bildet, auf einer kleinen Veranstaltung einen Kampf zu bestreiten. Die beiden bekommen zwar die Mütze voll, verdienen jedoch trotzdem gutes Geld. Und während "Esqueleto" sich schicke Anziehsachen kauft, kann Ignacio alias "Nacho" die Kinder im Kloster endlich mit gesundem Essen versorgen. Es kommt sogar noch besser: Nacho erhält die Chance, gegen Champion Ramses (Hector Gonzalez) anzutreten, und somit Profiwrestler zu werden...

Die maskierten "Luchadores" sind in Mexico äußerst beliebt und fast so erfolgreich wie in den USA. Mal abgesehen davon, dass es irgendwie einen komischen Beigeschmack hat, einen Mönch als Wrestler zu sehen, ist Nacho Libre eine durchaus amüsante Angelegenheit. Jack Black geht regelrecht in seiner Rolle auf und hat augenscheinlich eine Menge trainiert als Vorbereitung auf diesen Film. Es ist streckenweise zum Schießen, wenn Nacho und sein hagerer Partner Esqueleto mal wieder die Hucke vollkriegen.
Komplett verstehen und mögen wird man den Streifen jedoch sicherlich nur, wenn man selbst Wrestling-Fan ist. Dann jedoch geht die Post ab!

Die Nacht der lebenden Loser

D 2004, Länge: 88 Min.

R: Mathias Dinter, D: Tino Mewes, Thomas Schmieder, Manuel Cortez, Collien Fernandes, Nadine Germann, Hendrik Borgmann

Philip (Tino Mewes) ist in Uschi (Nadine Germann) verliebt. Zu dumm nur, dass sie nichts von ihm wissen will, da er zu den Losern der Schule gehört. Jugendfreundin Rebecca (Collien Fernandez) hat die Lösung parat: ein nächtliches Voodoo-Ritual soll nachhelfen. Jedoch läuft irgend etwas schief und der Liebeszauber zeigt keine Wirkung. Zumindest nicht die gewünschte. Nach einem Autounfall nämlich findet sich Philip mit seinen Kumpels "Wurst" (Manuel Cortez) und Konrad (Thomas Schmieder) im Leichenschauhaus wieder. Fortan laufen die drei als Zombies durch die Welt. Das hat Vor- aber auch Nachteile. Zwar können sie es jetzt endlich ihren Peinigern heimzahlen und bei der Damenwelt durch
körperliche Höchstleistungen glänzen, jedoch nehmen der Appetit auf Frischfleisch und der körperliche Verfall immer mehr zu.

Der Titel wurde dreist von Romero's Klassiker "Die Nacht der lebenden Toten" geklaut und lässt das schlimmste vermuten. Und man wird auch nicht enttäuscht: oberpeinliche Witzchen, eine trashige Story und miese Darsteller finden sich in einer einzigartigen Symbiose zusammen. Und das, was aus diversen Horrorfilmen übernommen wurde, wurde schlecht recherchiert und dilettantisch umgesetzt. Allein die Figur des Konrad sorgt für den einen oder anderen Lacher der angenehmen Art. Leider rettet das den Film aber auch nicht ins Mittelmaß. Nur der anspruchslose Zuschauer wird seinen Spaß haben.

Nachts im Museum (Night at the museum)

USA 2006, Länge: 108 Min.

R: Shawn Levy, D: Ben Stiller, Robin Williams, Carla Gugino, Dick van Dyke, Mickey Rooney, Owen Wilson

Als Larry Daley (Ben Stiller) den Job als Nachtwächter im Naturkundemuseum bekommt, ist er überglücklich. Immerhin ist dies die von seiner Ex-Frau gestellte Voraussetzung, daß er seinen Sohn Nick regelmäßig sehen darf. Und so hofft er, eine ruhige Kugel schieben zu können, als ihm die bisherigen Nachtwächter, drei verschrobene alte Männer, den Schlüssel und die Taschenlampe überreichen. Was ihn jedoch in den folgenden Stunden erwartet, hätte er sich in seinen kühnsten Träumen nicht vorstellen können: alle ausgestellten Exponate erwachen nämlich nachts zum Leben! Und so sieht sich Larry bald mit einem T-Rex-Skelett, Löwen, wilden Hunnen und einer furchtbar wütenden Mumie konfrontiert...

Robin Williams in einem Film, in dem wilde Tiere zum Leben erwachen? Unweigerlich muss man dabei an natürlich „Jumanji" denken. Die Anleihen sind zu offensichtlich. Aber warum auch nicht? Immerhin bietet die Grundidee ja zahlreiche Variationsmöglichkeiten und dank der modernen Technik sind der Phantasie keine Grenzen gesetzt! Aber genau darin liegt auch ein Manko: denn die Macher haben, wo sie nur konnten, computeranimierte Tiere verwendet. Bei einem Dinosaurierskelett ist das ja noch nachvollziehbar, nicht jedoch bei Löwen und Zebras. Sicherlich, es stellt einen Aufwand dar, mit lebenden Tieren zu arbeiten. Aber das Ergebnis sieht immer besser und überzeugender aus. Trotz diesem Makel ist „Nachts im Museum" natürlich ein sehr unterhaltsamer und witziger Film, zumindest immer dann, wenn der Schauplatz der Handlung „nachts im Museum" ist, sprich wenn Ben Stiller „im Dienst" ist und sich von den Ausstellungsstücken auf der Nase herumtanzen lässt. Die restlichen Szenen, etwa die mit Sohn Nick, wirken derart aufgesetzt und hölzern, dass man sich fragt, ob der Drehbuchautor überhaupt richtig bei der Sache war. Den (Haupt)Darstellern hingegen ist nichts vorzuwerfen, Ben Stiller gibt wieder einmal eine köstliche Vorstellung ab, als er zum Beispiel versucht, mit Attila dem Hunnenkönig zu kommunizieren. Die Hollywood-Urgesteine Mickey Rooney und Dick van Dyke konnte man interessanterweise auch für den Film gewinnen, sie schlagen sich wacker in der Rolle der fiesen Alt-Nachtwächter. Und Owen Wilson glänzt als Mini-Cowboy Jeddediah, der trotz seiner geringen Größe mit allem und jedem Streit beginnt!

NVA

D 2005, Länge: 98 Min.

R: Leander Haußmann, D: Tim Frank, Oliver Bröcker, Detlev Buck, Jasmin Schwiers, Robert Gwisdek, Ignaz Kirchner, Ralf Dittrich, Philippe Graber, Maxim Mehmet

Nachdem er mit dem hochgelobten, aber überschätzten "Sonnenallee" schon Erfahrungen im Genre der Ost-Komödie gesammelt hat, wagt sich Regisseur Leander Haußmann nun an das Verteidigungsorgan der DDR heran - die Nationale Volksarmee, kurz NVA. Von den Strukturen her der Wehrmacht am ähnlichsten, wurde die NVA von einigen gefürchtet, von vielen verlacht. Die Handlung ist am Ende der achtziger Jahre angesiedelt und begleitet einige junge Männer mit einem Augenzwinkern auf ihrem Weg durch den Wehrdienst. Henrik (Kim Frank) zum Beispiel wäre eigentlich viel lieber bei seiner Freundin Eva geblieben. Und während Krüger (Oliver Bröcker) absolut keine Lust auf militärischen Drill hat, liest Traubewein (Robert Gwisdek) lieber in der Bibel und kämpft gegen Neurodermitis...

Mit Sonnenallee begann ein wahrer Boom der Ostalgie Filme, schnell folgten mit "Goodbye Lenin" wirklich gute und mit "Kleinruppin Forever" wirklich schlechte Nachzügler. Jetzt kehrt nun also Leander Haußmann zu dem Genre zurück, das er quasi begründet hat. Der Streifen hat all das, was den Vorgänger so erfolgreich machte, leider ist das aber auch ein entscheidender Nachteil. Denn der ausgelassene, überzogene und teilweise alberne Stil wird nicht immer den Tatsachen gerecht. Die leisen Töne, die "Goodbye Lenin" auszeichneten, sind Haußmanns Sache nicht. Einige typische Klischees werden zudem auch nicht ausgelassen, wobei diese natürlich nicht so platt eingesetzt sind wie in "Kleinruppin forever". Manchmal fragt sich aber der Zuschauer, ob es wirklich jedes Mal eine Krankenschwester sein muss, die dem "Helden" den Kopf verdreht.
Immerhin gab es in der DDR für Frauen auch noch andere Berufe. Oder warum die Wende immer in solche Filme mit eingebunden wird. Denn die Geschichte hat mehr zu bieten, als nur das Ende der 80er!

Alles in allem ist NVA ein stellenweise recht witziger Film, den man allerdings nicht als Maßstab für die ehemalige DDR benutzen sollte, da man sonst ein falsches Bild bekommen würde. Das Anschauen lohnt aber trotzdem, allein schon wegen Detelv Buck als "Oberst Kalt"!

Old men in new cars

DK 2004, Länge: 95 Min.

R: Lasse Spang Olsen, D: Kim Bodnia, Tomas Villum Jensen,Nikolai Lie Kaas, Torkel Petersson, Iben Hejejle, Slavko Labovic

Harald (Kim Bodnia) wird nach mehreren Jahren endlich aus dem Knast entlassen. Doch anstatt seine Freiheit genießen zu können, steht er vor einem Problem: er schuldet seinem ehemaligen „Geschäftskollegen" Ratko (Slavko Labovic), der auf Pistazieneis steht, eine Menge Geld. Zusammen mit seinen Kumpels Martin (Nikolai Lie Kaas) und Peter (Tomas Villum Jensen) will Harald deshalb eine Bank überfallen. Leider haben sich die beiden jedoch mittlerweile eher auf das Backen von Hefezöpfen spezialisiert. Bleibt noch Ludvig (Torkel Petersson), der Sohn von Haralds mittlerweile gesundheitlich angeschlagenem Ziehvater Monk. Ludvig jedoch, ist ein Psychopath, der am liebsten Frauen tötet.

Man merkt es schon an der Story: dieser Film ist nicht ganz ernst zu nehmen. Auch wenn er einige wenige ruhige Momente hat, ist er doch eine Komödie durch und durch. Herrlich wie das Gangsterimage durch den Kakao gezogen wird, und deren Autorität durch diverse abgefahrene Ideen untergraben wird. Obergangster Ratko zum Beispiel fährt immer mit mehreren Leuten im Auto, nicht etwa weil er dann gefährlicher wirkt, sondern aus Umweltschutzgründen. Der skandinavische Humor erinnert ein wenig an den vor einiger Zeit erschienenen Film „Kops", Torkel Petersson hatte übrigens auch dort eine Rolle. Die Charaktere wachsen einem mit der Zeit fast ein wenig ans Herz, man leidet richtig mit, wenn der Elektriker Vuk mal wieder ein großer Gegenstand an den Kopf geschlagen wird.

Die Gags mögen sicher nicht jedermanns Sache sein, und nach einem roten Handlungsfaden muss man mit der Lupe suchen. Trotzdem macht der Film weitgehend Spaß.

Open Water

USA 2003, Länge: 79 Min.

R: Chris Kentis, D: Blanchard Ryan, Daniel Travis, Saul Stein, Estelle Lau

Was hat der Film nicht alles an Vorschusslorbeeren eingeheimst! Sogar von einem "Blair Witch Project" auf dem Wasser wurde gesprochen. Dazu muss man wissen, dass eben erwähnter Streifen im Jahre 1999 der Überraschungserfolg schlechthin gewesen ist, wegen seiner einzigartigen Machart und wegen der geschickten Internetkampagne der Macher im Vorfeld. Billig produziert, spielte er ein Vielfaches seiner Kosten wieder ein. Wenig gekostet hat auch "Open Water", was den Vergleich durchaus sinnvoll macht.

Ein junges Paar, gestresst von Job und Alltag, begibt sich zum Ausspannen auf einen Tauch-Urlaub irgendwo in der Südsee. Frühmorgens fährt man mit dem Boot weit raus auf das offene Meer, dann dürfen alle Teilnehmer eine halbe Stunde die Unterwasserwelten erleben, um dann wieder zurück zur Tauchbasis zu fahren. Durch einen Fehler des Bootsführers jedoch werden unsere Akteure schlicht und ergreifend vergessen. Als sie wieder auftauchen, sind sie ganz allein auf dem Wasser...

Zunächst einmal muss man den Regisseur und Drehbuchautor Chris Kentis für seine tolle Idee loben: einen Film über Personen, die auf dem Meer vergessen wurden, gab es aller Wahrscheinlichkeit nach noch nie. Dementsprechend gespannt ist der Zuschauer denn auch, den Film anzuschauen. Und entsprechend enttäuscht ist man auch nach dem Anschauen! Was hätte man alles noch aus der Idee machen können!
Nächtliche Geräusche, Panikreaktionen der Hauptdarsteller, Schockmomente etc. All dies ist viel zu wenig enthalten, deshalb dümpelt der Film weitgehend auf einem mittleren Spannungsniveau dahin, weil ja auch nicht wirklich viel passiert. Sind Haie wirklich die einzige Gefahr auf dem Meer? Die Macher haben wohl zu viel "Der weisse Hai" angeschaut.
Zugutehalten muss man "Open Water" seinen visuellen Stil, da er komplett mit Digitalkameras gedreht wurde, und dadurch einen Pseudo-dokumentarischen Anstrich bekommt. Auch das Ende ist für Hollywood-Filme recht unüblich, und daher lobenswert. Das macht zwar auch kein zweites "Blair Witch Project" daraus, jedoch ist das ganze für Fans des eben genannten durchaus einen Blick wert.

Out of Time

USA 2003, Länge: 107 Min.

R: Carl Franklin, D: Denzel Washington, Eva Mendes, Sanaa Lathan, Dean Cain, John Billingsley, Alex Carter, Robert Baker

Matt Lee Whitlock (Denzel Washington) ist Polizeichef in einer Kleinstadt in Florida. Angenehmes Arbeiten zwischen Palmen und Meer, sollte man meinen. Und so scheint es anfänglich auch. Er hat eine Affäre mit der verheirateten Ann (Sanee Lathan), mit der er sich über die Scheidung von seiner Ehefrau und Kollegin Alex (Eva Mendes) hinwegtröstet. Als er erfährt, dass Ann an Krebs erkrankt ist, „leiht" er sich 485.000,- $ aus dem Polizeitresor für Ihre Operation aus. Doch dann überschlagen sich die Ereignisse: Ann wird tot aufgefunden, das Geld ist weg und Matt gerät unter Mordverdacht. Zu allem Unglück werden die Ermittlungen von seiner Ex-Frau geleitet... .

Regisseur Franklin liefert mit „Out of time" einen klassischen Thriller ab. Anfangs läuft die Handlung etwas schleppend an, doch der Zuschauer wird im Laufe des Films in eine packende Handlungsspirale hineingezogen, die ihresgleichen sucht. Ständig gibt es neue Wendungen, und das Ende birgt dann noch eine gelungene Überraschung. Dabei wird auf großartige Actionsequenzen glücklicherweise verzichtet. Stattdessen wurde der Film mit einer Prise Humor gewürzt, was ihm gut bekommt.
Schauspielerisch wird von Denzel Washington eine solide Leistung als cooler Florida Cop geboten. Und Eva Mendes wird ja in Insider-Kreisen schon als neue Jennifer Lopez gehandelt!

Das Parfum - Die Geschichte eines Mörders (Perfume: The Story of a Murderer)

USA/F/SP/D 2006, Länge: 147 Min.

R: Tom Tykwer, D: Ben Wishaw, Dustin Hoffman, Corinna Harfouch, Alan Rickman, Rachel Hurd-Wood

Patrick Süskinds "Das Parfüm" gehört zu den modernen Klassikern der Literatur und ist mittlerweile Pflichtlektüre an den Schulen. Da verwundert es eigentlich, dass es bisher noch keine Verfilmung des Stoffes gibt. Martin Scorsese und Stanley Kubrick hätten es gern getan, hielten das Buch jedoch für unverfilmbar. Jetzt scheint aber die Zeit reif, und so haben sich Produzent Bernd Eichinger und Regisseur Tom Tykwer (Lola rennt) daran gemacht, die unlösbare Aufgabe zu meistern.

Jean-Baptiste Grenouille (Ben Wishaw) wird im Paris des 18. Jahrhunderts in eine Epoche hineingeboren, die von üblen Gerüchen geradezu durchzogen ist. Er selbst hat zwar keinen Eigengeruch, ist jedoch mit einem Geruchssinn ausgestattet, der dem jedes anderen Menschen weit überlegen ist. Der Duft von jungen Frauen fasziniert ihn besonders. Und so beginnt er eine Lehre beim Parfumeur Giuseppe Baldini (Dustin Hoffman), in der Hoffnung, einen Weg zu finden, den ultimativen Duft zu kreiren und für die Ewigkeit festzuhalten. Dabei geht er auch über Leichen...

Die Zuschauer des Films spalten sich in zwei Lager: diejenigen, die das Buch kennen und die dazugehörige Verfilmung sehnlichst erwartet haben, und alle die, die das Buch nie gelesen haben. Letzteres hat den Vorteil, dass man ganz unvoreingenommen den Film anschaut, ohne zu viele Vergleiche zur Vorlage zu ziehen. Der Nachteil: die Faszination der Geschichte mag sich einem nicht so recht erschließen. Denn Tom Tykwer hat zwar eine ansprechende Optik geschaffen und authentische Atmosphäre erzeugt, aber so ganz will der Funke dann doch nicht überspringen. Irgendwie kann man sich des Eindrucks nicht erwehren, dass die ganze Geschichte um Grenouille doch recht belanglos ist, und das Buch stark überschätzt wird. Das liegt aber vielleicht auch daran, dass Süskind die Welt der Düfte mit seinen Worten besser beschrieben hat, als Tykwer sie mit Bildern umsetzen konnte. Tipp: erst das Buch lesen, dann den Film anschauen und sich anschließend selbst ein Urteil bilden!

Partyalarm - Finger weg von meiner Tochter (My Boss's Daughter)

USA 2003, Länge: 85 Min.

R: David Zucker, D: Ashton Kutcher, Mark Aisbett, Tara Reid, Terence Stamp, Michael Madsen

David Zucker war mit seinem Bruder Jerry und Kumpel Jim Abrahams für einige Komödienhits der achtziger verantwortlich, etwa „Top Secret" oder „Die nackte Kanone". Angefangen hat die Zusammenarbeit aber schon Jahre früher, als die drei das Drehbuch zur Satire „Kentucky Fried Movie" schrieben. Kennzeichnend für das Trio ist ein anarchistischer Humor und jede Menge Chaos-Klamauk, eine höchst erfolgversprechende Mischung. In den letzten Jahren allerdings wurde es etwas ruhiger um ZAZ, wie sie auch genannt wurden. Jetzt aber ist David Zucker gleich mit zwei neuen Komödien im Kino vertreten. Die eine ist „Scary Movie 3", die andere heißt schlicht und ergreifend: „Partyalarm".

Im Mittelpunkt steht ein junger Angestellter einer Zeitung (Ashton Kutcher), der sich unsterblich in Lisa, die Tochter seines jähzoringen Chefs Jack Taylor (Terence Stamp) verliebt hat. Seine große Chance bekommt er, als er eines Abends auf O.J., die Eule seines Vorgesetzten, aufpassen und dessen leerstehende Villa hüten muss. „Um 10 muss der Vogel Wasser und seine Tabletten bekommen, und es darf auf keinen Fall jemand außer Ihnen das Haus betreten!" Mit diesen Worten lässt ihn sein Wunsch-Schwiegervater allein, und es ist natürlich logisch, dass es anders kommt. Nach und nach kommen immer mehr Leute „zu Besuch", unter anderem ein brutaler Drogendealer und Lisas suizidgefährdeter Ex-Freund. Als dann auch noch O.J. verschwindet, ist das Chaos perfekt.
Der Film beginnt wie eine weitere platte Teenie-Komödie. Ein paar nette Jungs, ein hübsches Mädel und einige peinliche Fäkal-Witzchen. Doch im Laufe der Zeit gewinnt er an Tempo und in den besten Momenten muss jeder halbwegs humorvolle Zuschauer Tränen lachen. Einen Beitrag dazu leisten die zahlreichen schrägen Gestalten, allen voran Michael Madsen als abgefuckter Schlägertyp, der hier seine eigenen Rollen in zum Beispiel „Reservoir Dogs" parodiert. Des weiteren bekommt auch wirklich jede Randgruppe ihr Fett weg! (Behinderte, Schwule, Schwarze, Rentner, Dicke)

Zu einem wirklich guten Urteil hat es vielleicht gerade deshalb nicht gereicht, weil viele der Witze ins Leere schießen oder einfach geschmacklos sind. Man kann David Zucker deshalb den Rat geben: Tu dich wieder mit deinen alten Kameraden zusammen und schreib in Zukunft wieder selbst die Drehbücher, dann klappt es auch mit den richtig guten Komödien!

Pieces of April

USA 2003, Länge: 81 Min.

Regie: Peter Hedges, Darsteller: Katie Holmes, Patricia Clarkson, Derek Luke, Alison Pill, Oliver Platt

Ein kleiner, kunstvoller Independentfilm sollte es sicherlich werden, das Werk von Peter Hedges. Woran erkennt man das? An der verwackelten Kamera, dem teilweise grobkörnigen Material, dem häufigen Einsatz der Steady-Cam und natürlich der Message, die der Film sicherlich vermitteln soll.
Hätte Hedges seine Hausaufgaben besser gemacht und an der Filmhochschule etwas besser im Fach Regieführung aufgepasst, dann wäre sein Plan sicherlich auch aufgegangen. So aber bekommen wir ein halbfertiges, unausgegorenes Etwas mit einer zugegeben niedlichen Hauptdarstellerin serviert. Manchmal will der Film dann sogar noch witzig sein, doch auch hierin scheitert er zum Großteil an den platten Zoten.

Ausnahmsweise gabs die Kritik einmal vor der Story! Worum geht es also? April (Katie Holmes) ist mit ihrem schwarzen Freund zusammengezogen. Mit ihrer Familie, besonders mit Ihrer an Brustkrebs erkrankten Mutter (Achtung Klischee!!) hat sie keinen besonders guten Kontakt. Ein gemeinsames Thanksgiving-Essen in der eben bezogenen Wohnung, von April zubereitet, soll es richten. Es gibt drei Handlungsstränge: einmal werden Aprils Kampf mit Truthahn und Preiselbeersoße gezeigt. Dann wird umgeblendet zur Familie, die sich auf der Reise befindet. Der dritte Strang folgt Aprils Freund, der auf der Suche nach angemessener Kleidung für den anstehenden Besuch ist.

Was lernen wir aus dem Film? Dass in einem New Yorker Mietshaus Menschen sämtlicher Nationen und Hautfarben wohnen! Und dass schwarze IMMER afrikanischen Schmuck in ihrer Wohnung haben. Und dass krebskranke Frauen sich mit dem Rauchen von Marihuana aufmuntern.
Vielleicht sollte man dies auch tun, bevor man den Film anschaut. Dann wäre er sicher etwas erträglicher!

Poppitz

Ö 2003, Länge: 99 Min.

R: Harald Sicheritz, D: Roland Düringer, Marie Bäumer, Kai Wiesinger

Gerry Schartl (Roland Düringer) ist der beste Verkäufer in einem Wiener Autohaus. Als der Senior-Chef plötzlich das zeitliche segnet, hofft er, mit dessen Sohn zusammen die Geschäfte führen zu können. Dieser jedoch scheint andere Pläne zu haben, zumindest macht er auf der Beerdigung des Vaters seltsame Andeutungen und telefoniert in letzter Zeit auffällig oft mit einem Herrn Poppitz. Bevor Gerry jedoch herausfinden kann, ob der geheimnisvolle unbekannte ihm den Job wegnehmen wird, steht erst einmal ein Tunesien-Urlaub mit Frau und pubertierender Tochter an. Im Hotel angekommen, scheint wirklich alles schief zu laufen, so verschwindet zum Beispiel auf geheimnisvolle Weise Gerrys Koffer und es wimmelt von Kakerlaken. Diese Probleme treten jedoch alle in den Hintergrund, als auf einer Liste plötzlich der Name Poppitz auftaucht! Der Erzfeind ist also unter den Hotelgästen, und er scheint Deutscher zu sein...

Ein bunter Mix aus beißender Satire und harmloser Urlaubskomödie wird uns hier in ungewöhnlicher Form präsentiert. Der Film lebt vor allem von seinem genialen Hauptdarsteller, der immer wieder verschmitzt in die Kamera schaut, um mit dem Zuschauer zu reden. Zugegeben, manchmal fällt es schwer, den Wiener Dialekt komplett zu verstehen, trotzdem ist das ganze äußerst unterhaltsam.
In diversen "Was-wäre-wenn"-Szenarien wird uns präsentiert, was passiert, wenn Deutsche und Österreicher im Urlaub aufeinandertreffen. Aber nicht nur die landestypischen Eigenschaften werden durch den Kakao gezogen, auch die beliebten Pauschalreisen bekommen ihr Fett weg.
Da die Gags aber nicht immer zünden und manchmal einfach nur belanglos sind, ist der Film insgesamt nur besseres Mittelmaß.

Ray

USA 2004, Länge: 152 Min.

R: James L. White, D: Jamie Foxx, Kerry Washington, Clifton Powell, Harry J. Lennix, Terrence Dashon Howard, Larenz Tate

Nach Jim Morrison und Tina Turner bekommt jetzt eine weitere Musiklegende ihr filmisches Denkmal: Ray Charles, der mit seiner Kombination aus Gospel und Blues Vorreiter des schwarzen Soul wurde.
Georgia 1930: der kleine Ray Charles Robinson wächst mit seiner Mutter und seinem Bruder in ärmlichen Verhältnissen auf. Etwas Ablenkung verschafft die einzige Kneipe im Ort, denn dort gibt es ein Piano, und Ray hört stundenlang dem Besitzer beim Spielen zu. Eines Tages kommt es zur Tragödie: sein Bruder ertrinkt in einem Waschbottich, und Ray muss untätig zusehen. Aber es kommt noch schlimmer: der Junge erkrankt am grünen Star und erblindet bald vollständig. Weil seine Mutter will, dass er nie im Leben benachteiligt wird, schickt sie ihn auf eine Blindenschule.
10 Jahre später, Ray ist mittlerweile ein junger Mann und begnadeter Klavierspieler geworden, verlässt er Georgia, um in der Welt sein Glück zu versuchen. Erste Erfolge stellen sich ein, bald spielt er in einer Big Band mit und nennt sich fortan nur noch Ray Charles. Doch mit der Berühmtheit kommt er auch in Kontakt mit Drogen und wird schließlich heroinabhängig. Hin und her pendelnd zwischen Familie und Musikerleben, nimmt seine Sucht immer mehr zu und er hat Visionen vom Tod seines kleinen Bruders, für den er sich die Schuld gibt.

Mit Künstlerbiographien ist das immer so eine Sache: verfilmt man sie wahrheitsgemäß sind sie meist uninteressant. Und verfälscht man die Ereignisse, bekommt man Kritik von Seiten der Fans. Das Leben von Ray Charles jedoch gibt eine Menge Stoff her, und so ist der Film trotz Überlänge niemals langweilig. Mit Hauptdarsteller Jamie Foxx wurde zudem eine exzellente Wahl getroffen, er verkörpert Ray Charles wirklich sehr überzeugend, von der Mimik bis hin zu seinem Handicap. Zudem sieht Foxx mit Sonnenbrille dem Star auch verdammt ähnlich. Zur Musik braucht natürlich nichts mehr gesagt zu werden, wer auch nur halbwegs auf Rhythm and Blues steht, kommt voll auf seine Kosten.

Resident Evil – Apocalypse

D/F/GB/CAN 2004, Länge: 94 Min.

R: Alexander Witt, D: Milla Jovovich, Sienna Guillory, Oded Fehr, Thomas Kretschmann, Sophie Vavasseur

Erinnern wir uns: am Ende von Teil eins konnte Alice (Milla Jovovich) aus dem Umbrella-Versuchslabor entkommen, um festzustellen, dass mittlerweile ganz Raccoon City von Zombies bevölkert ist. Das ist auch die Ausgangssituation für die Fortsetzung der Videospiel-Verfilmung. Der mächtige Industrie- und Forschungskonzern Unbrella möchte nämlich den Ausbruch T-Virus vertuschen und eine weitere Ausbreitung verhindern. Dazu soll die Stadt abgeriegelt, und alle Bewohner, ob infiziert oder nicht, mit Atomwaffen vernichtet werden. Das ganze wird dann als "Unfall" des lokalen Kernkraftwerks a là Tschernobyl getarnt. Unterdessen bekommt Alice, die sich in der Zwischenzeit mit einigen Elitesoldaten der so genannten S.T.A.R.S.-Einheit verbündet hat, vom Umbrella-Wissenschaftler Ashford (Jared Harris) den Auftrag, seine Tochter zu finden und aus der Stadt zu bringen. Der Lohn - Alice darf ebenfalls noch vor dem Atomschlag die Stadt verlassen. Das ist der Beginn einer Hatz quer durch Raccoon City, behindert von zahlreichen Untoten. Aber eine viel schlimmere Gefahr lauert ebenfalls: Nemesis, ein mutierter, anscheinend unbesiegbarer Supersoldat, das Ergebnis eines Experiments mit dem T-Virus...

Wem bei Resident Evil zu wenig Action geboten wurde, der kommt hier voll auf seine Kosten. Explosionen, Feuergefechte, Massen von Zombies, und mittendrin wütet Milla Jovovich als genmanipulierte Super-Amazone wie Ripley in Alien 4. Apocalypse hält sich enger an die Spielevorlagen als sein Vorgänger, so trifft man hier altbekannte Charaktere wie Jill Valentine und Nemesis, der zum Glück nicht am Computer entstanden ist, sondern von einem Schauspieler aus Fleisch und Blut verkörpert wird. Denn egal wie gut eine Computeranimation ist, es bleibt eben eine Computeranimation und wirkt immer etwas unglaubwürdig. Die kurzen Auftritte der "Licker" zu Beginn kann man da noch verschmerzen.

Unterhaltsam ist der Film alle Male, auch wenn man nicht mit allzu hohen Ansprüchen an die Sache herangehen sollte. Deshalb ist eine Fortsetzung auch so sicher wie das Amen in der Kirche!

Riddick - Chroniken eines Kriegers (The Chronicles of Riddick)

USA 2004, Länge: 119 Min.

R: David Twohy, D: Vin Diesel, Judie Dench, Alexa Davalos, Colm Feore, Ja Rule, Keith David, Thandie Newton, Karl Urban, Linus Roache, Nick Chinlund, Richard Cummins

Der Nachfolger zum ohnehin schon mäßigen "Pitch Black" erfüllt alle Erwartungen. Leider waren diese nach dem Trailer aber nicht besonders hoch. Fröhlich wurden Elemente aus "Stargate", "Alien" und "Star Wars" zu einem bunten Mix verwurstet, angereichert mit einer gehörigen Portion Action, garniert mit dem Testosteron-Schlachtschiff Vin Diesel. Leidlich spannend ist dabei die Geschichte, aber die spielt in seinen Filmen sowieso eine eher untergeordnete Rolle. Einzig die "Necromonger" wissen dank ihrer interessanten Outfits halbwegs zu überzeugen. Das rettet jedoch den Rest auch nicht über schwaches Mittelmaß hinweg. Nur für Fans des Hauptdarstellers interessant!

The Rocky Horror Picture Show

GB 1975, Länge: 100 Min.

R: Jim Sharman, D: Tim Curry, Susan Sarandon, Barry Bostwick, Richard O'Brien, Patricia Quinn, Nell Campell, Jonathan Adams, Peter Hinwood, Meatloaf, Charles Gray

Es gibt Filme, die schaut man an, und vergisst sie bald wieder. Dann gibt es noch Filme, die man öfter anschaut, weil sie vielleicht witzig, bewegend oder spannend sind. Und dann gibt die so genannten "Kultfilme". Nur wenige erreichen diesen Status, "Pulp Fiction" wäre ein Beispiel. Die "Rocky Horror Picture Show" gehört auf jeden Fall auch zu diesem erlauchten Kreis.

Brad (Barry Bostwick) und Janet (Susan Sarandon), ein junges Liebespaar, sind in einer regnerischen Nacht mit dem Auto unterwegs. Als sie eine Panne haben, gelangen sie auf der Suche nach Hilfe ins Schloss des außerirdischen Transvestiten Dr. Frank-N-Furter (Tim Curry), der gerade den "Transsylvanischen Kongress" veranstaltet und illustre Gestalten um sich versammelt hat. Zum Beispiel seinen Ex-Liebhaber Eddie (Meatloaf), der von Frank mit einem Eispickel erstochen wird. Oder Rocky (Peter Hinwood), ein zum privaten Vergnügen erschaffenes Kunstwesen. Die Ereignisse überschlagen sich, als Rocky sich in Janet verliebt und Hausmeister Riff-Raff (Richard O'Brien) gegen Frank revoltiert...

Über die Verfilmung des Musicals von Richard O'Brien wurde schon viel gesagt. Der damals noch junge Tim Curry wurde mit diesem Film bekannt, und fortan immer mit der Rolle des Frank-N-Furter identifiziert. Es hat sich eine echte Fangemeinde gebildet, welche mit Reis, Klopapier und ähnlichem bewaffnet die Vorstellungen besucht, um diese Utensilien zum rechten Zeitpunkt einzusetzen, und somit ein Teil des ganzen zu werden. Die Filmmusik erlangte einen hohen Bekanntheitsgrad, besonders das Lied "Timewarp" avancierte zum Ohrwurm. Dies alles sind Dinge, die "Rocky Horror Picture Show" in der Tat zum Kultfilm machen.

Der Film wirbt nicht nur für mehr Toleranz und hat damit eine positive Message. Die tolle Ausstattung, die Performance der Darsteller und der spezielle Charme machen das Anschauen zu einem besonderem Erlebnis, allerdings mit einer

Einschränkung: Man muss sich auf dem Film einlassen können und schon im Vorfeld wissen, was einen erwartet. Dann aber wird man reichlich belohnt.

Ruby und Quentin - Der Killer und die Klette (Tais-toi!)

F 2003, Länge: 85 Min.

R: Franics Veber, D: Gerard Depardieu, Jean Reno, Andre Dussollier, Jean-Piere Malo, Richard Berry, Jean-Michel Noirey

Nach dem Überfall auf einen Geldtransport und dem Raub von 10 Millionen EURO wird Profi-Gangster Ruby (Jean Reno) von der Polizei gefasst. Er will jedoch nichts zum Verbleib der Beute sagen. Um an die gewünschten Informationen zu kommen, sperren die Ermittler ihn mit dem unterbelichteten, schwatzhaften Kleinganoven Quentin (Gerard Depardieu) in eine Zelle. Wie es der Zufall will, gelingt den beiden der Ausbruch. Das dumme nur: wie soll Ruby den anhänglichen Quentin wieder loswerden?

"Ruby und Quentin" ist ein typischer französischer Buddy-Movie im Stil der 80er-Jahre-Komödien, in denen Depardieu an der Seite von Pierre Richard auftrat. Hier spielt er aber zur Abwechslung einmal die Nervensäge, während der andere französische Top-Star Jean Reno ("Die purpurnen Flüsse") den abgeklärten Killer verkörpert. Zwei Charaktere wie sie unterschiedlicher nicht sein könnten sorgen für unterhaltsame 90 Minuten. Der Film brilliert mit schwarzem Humor und köstlichen Slapstick-Einlagen. Leider ist aber nicht jeder Gag ein Volltreffer und der Story geht gegen Ende etwas die Luft aus.

Saw II

USA, 2005, Länge: 95 Min.

R: Darren Lynn Bousman, D: Donnie Wahlberg, Tobin Bell, Timothy Burd, John Fallon, Franky G, Erik Knudsen, Dina Meyer, Beverley Mitchell, Tony Nappo, Glenn Plummer, Shawnee Smith, Emmanuelle Vaugier

Die Leiche eines Mannes wird in einem Lagerhaus gefunden. Sein Kopf wurde mit einer bizarren Maske durchlöchert. Alles sieht danach aus, als ob der Massenmörder "Jigsaw" wieder sein Unwesen treibt. Detective Matthews (Donnie Wahlberg) scheint mit seinen Ermittlungen auch erfolgreich zu sein, denn in einer Fabrik wird man fündig: Jigsaw stellt sich als alter, krebskranker Mann heraus, der mit seinen tödlichen Fallen Menschen auf die Probe stellen und ihnen eine Lehre erteilen will. Zu seinem Entsetzen erfährt Matthews, dass Jigsaw acht Leute in ein Haus eingesperrt hat, darunter seinen eigenen Sohn. Auf Computermonitoren können die Cops mit ansehen, wie die Gefangenen vergeblich versuchen, ihrem tödlichen Schicksal zu entrinnen...

Nach dem Überraschungserfolg des ersten Teils war es eigentlich nur eine Frage der Zeit, bis eine Fortsetzung in die Kinos kommen würde. Das Konzept ist das bewährte, was der nervenzerfetzenden Spannung jedoch keinen Abbruch tut. Zudem wird mit ausreichend Blut nicht gespart. Schreckhaften Leuten, die zudem einen schwachen Magen haben, ist der Film daher nicht zu empfehlen. Der einzige Kritikpunkt: Vorkenntnisse aus „Saw" werden teilweise vorausgesetzt und dienen dem besseren Verständnis der durchaus clever konstruierten Story. Wer hierüber hinwegsehen kann und mit einem guten Nervenkostüm ausgestattet ist, der wird seinen Spaß haben.

Scary Movie 4

USA 2006, Länge: 83 Min.

R: David Zucker, D: Craig Bierko, Anna Faris, Anthony Anderson,Carmen Electra, Charlie Sheen, Bill Pullman, Leslie Nielsen, Shaquile O'Neal

Die Scary-Movie-Reihe, die dank der Regie von David Zucker ab Teil drei einen Qualitätssprung nach vorn gemacht hat, geht nun in die vierte Runde. Aufgrund des Erfolgs der Vorgänger ist dies freilich keine Überraschung. Und so führt bei Scary Movie 4 erneut Zucker die Regie, und wurde beim Verfassen der Story von seinem früheren Weggefährten Jim Abrahams unterstützt, mit dem er für solche Erfolge wie "Die nackte Kanone" verantwortlich war.

Die Story ist, wie üblich, wieder nebensächlich, wurde doch das Hauptaugenmerk erneut darauf gelegt, so viele Filme der letzten Jahre wie möglich zu veräppeln. Diesmal trifft es vor allem "Krieg der Welten", "The Grudge", "Saw" und "The Village". Und aus den Handlungssträngen dieser vier Streifen setzt sich auch der Plot zusammen: Tom Ryan (Craig Bierko), seines Zeichens verlassener Ehemann und erfolgloser Familienvater, lernt die attraktive Cindy Campbell (Anna Faris) kennen, die uns schon aus den ersten drei Teilen bekannt ist. Sie hat einen Job als Pflegerin einer alten Dame angenommen, in deren Haus der Geist eines kleinen Jungen spukt. Doch all diese Ereignisse werden überschattet vom Angriff außerirdischer Intelligenzen, die mit Hilfe riesiger Tripods die Welt erobern wollen.

Wie das alles zusammenhängt, und was Shaquile O'Neal damit zu tun hat, erfährt man, wenn man sich auf diese aberwitzige Achterbahn der Filmparodien einlässt, und dafür eineinhalb Stunden seinen Verstand abschaltet. Die meisten der Witze treffen dabei ins Schwarze, vor allem Leslie Nielsen ist als ahnungsloser US-Präsident wieder einmal köstlich! Wer Filme wie "Hot Shots" mochte, ist gut damit beraten, schnellstmöglich ins Kino zu gehen! Alle anderen sollten aber die Finger davon lassen.

Seabiscuit

USA 2003, Länge: 141 Min.

R: Gary Ross, D: Tobey Maguire, Jeff Bridges, Chris Cooper, Elizabeth Banks, William H. Macy, Gary Stevens, Chris McCarron, Annie Corley, Kingston DeCoeur, Ed Lauter, Eddie Jones, Michael O'Neill

USA, in den dreißiger Jahren: nachdem die Weltwirtschaftskrise das Land in seinen Grundfesten erschüttert hat, versucht der angeschlagene Großunternehmer Charles Howard (Jeff Bridges), sich mit dem Pferdesport ein zweites Standbein zu schaffen. Er trifft auf den alternden Cowboy und Pferdetrainer Tom Smith (Chris Cooper) und den etwas zu groß geratenen Jockey „Red" Pollard (Tobey Maguire). Mit Howards Geld, Smiths Erfahrung und Pollards Können soll das Rennpferd „Seabiscuit" zum Champion gemacht werden. Keine leichte Aufgabe, denn das Pferd ist klein, hässlich und sehr störrisch. Doch wer die zugrunde liegende wahre Geschichte kennt, weiß, dass sich am Ende alles zum guten wendet: Seabiscuit gewinnt ein Rennen nach dem anderen.

„Seabiscuit" ist neben „Phar Lap – Legende einer Nation" einer der wenigen Filme über ein Rennpferd. Ein Drama über Pferdesport das in den dreißiger Jahren spielt? Da kann doch nur langweilig werden. Und das ist es auch, zumindest eine halbe Stunde lang. Da werden alle Akteure sorgfältig eingeführt und vorgestellt. Wahrscheinlich etwas zu sorgfältig. Diesen Teil des Films hätte man sicherlich straffen können.
Aber im Verlauf der Handlung wachsen einem die Personen und vor allem das Pferd immer mehr ans Herz. Das liegt zum einen an den guten Darstellern – als Jockey ist Tobey Maguire („Spider-Man") die optimale Besetzung – aber auch an der positiven Grundstimmung, die der Film vermittelt.
Besonders stimmungsvoll wirkt die Szene, als das erste große Rennen im Radio übertragen wird und dazu Standbilder in schwarz/weiß eingeblendet werden.
Leider verläuft die Spannungskurve nicht stetig bis zur Klimax am Ende, sondern hat ihren Höhepunkt schon nach zwei Dritteln des Films erreicht, und flacht zum Ende hin dann wieder ab. Dies hätte man vermeiden können, indem man zum Beispiel das letzte Rennen einfach weggelassen hätte. Damit würde der Film eine ganz andere Dynamik bekommen, denn mit 141 Minuten ist er eindeutig zu lang geraten.

Schade, „Seabiscuit“ ist sicherlich gut gemeint und man merkt den Darstellern an, dass sie mit Spaß bei der Sache waren. Wegen der eben erwähnten Schwächen ist er jedoch nur besseres Mittelmaß.

Sehnsüchtig (Wicker Park)

USA 2004, Länge: 115 Min.

R: Paul McGuigan, D: Josh Hartnett, Matthew Lillard, Rose Byrne, Diane Kruger, Stéphanie Buxton, Christopher Cousins

Für Matthew (Josh Hartnett) ist es Liebe auf den ersten Blick, als er Lisa (Diane Kruger) begegnet. Seine Hartnäckigkeit zahlt sich aus, bald haben die beiden ein Date, wenig später wird über eine gemeinsame Wohnung gesprochen. Dann jedoch verliert man sich plötzlich aus den Augen: Lisa geht als Tänzerin nach Europa und scheint kein Interesse mehr zu haben. Zwei Jahre später: Matthew steht kurz vor der Verlobung mit Rebecca (Jessica Paré) und hat einen guten Job als Investmentbanker. Kurz vor einer Geschäftsreise nach Shanghai trifft er durch Zufall auf Spuren von Lisa. Erneut entflammt seine Liebe zu ihr und er macht sich auf die Suche.

Das Remake des französischen Films " L'appartement" aus dem Jahr 1996 wird auf mehreren Ebenen und mit geschickten Rückblenden erzählt. Fast wie bei einem Kriminalfilm werden dabei nach und nach die Teile eines Puzzles enthüllt, und am Ende kommt die überraschende Auflösung. Dadurch bleibt die Spannung fortwährend erhalten, auch wenn der Film mit knapp zwei Stunden für eine Romanze etwas zu lang geraten ist. Dank guter Darsteller und einer interessanten Story ist der Film aber alles in allem durchaus empfehlenswert.

Silent Hill

USA 2006, Länge: 126 Min.

R: Christophe Gans, D: Radha Mitchell, Sean Bean, Laurie Holden, Deborah Kara Unger, Jodelle Ferland, Alice Krige

Nachdem mit „Resident Evil", „Final Fantasy" und „Alone in the Dark" in den letzten Jahren nur mittelmäßige bis schlechte Videospielverfilmungen produziert wurden, lässt „Silent Hill" allein schon wegen der Qualität der Vorlage, aber auch wegen Regisseur Christophe Gans („Pakt der Wölfe") auf besseres hoffen. Worum ging es in der Spielserie? Das kann man so genau gar nicht beantworten, außer dass Schauplatz der Handlung immer die verlassene Stadt Silent Hill war, bevölkert von einigen wenigen bizarren Kreaturen. Der Hauptcharakter war dort meistens auf der Suche nach einer verschollenen Person, die düstere und verstörende Atmosphäre war für den großen Erfolg verantwortlich.

Und so lehnt sich auch die Story des Films grob an diesen Handlungsrahmen an: Sharon (Jodelle Ferland), die gemeinsame Tochter von Rose (Radha Mitchell) und Christopher DaSilva (Sean Bean) leidet an schlimmen Alpträumen, und spricht im Schlaf immer wieder von „Silent Hill". Das veranlasst die Mutter dazu, sich samt Tochter dorthin aufzumachen, um das Rätsel zu lösen. Die Stadt selbst ist seit einem Brand vor 30 Jahren verlassen. Kaum angekommen, verschwindet Sarah spurlos. Gemeinsam mit der Polizistin Cybil Bennett (Laurie Holden) macht sich Rose auf, das Kind zu suchen. Spätestens jetzt erkennt Rose, dass Silent Hill wohl doch nicht so verlassen ist, wie es den Anschein hatte...

Die Geschichte erinnert stark an vieles, das schon einmal da gewesen ist. („The Ring" etc.) Es wird wirklich nicht viel neues geboten. Trotzdem hat der Film seine starken Momente, vor allem dann, wenn die alptraumhaften, aus den Spielen bekannten Monster auftauchen. Nur leider ist es Regisseur Gans nicht gelungen, diese auch nur ansatzweise mit der Handlung zu verknüpfen, weshalb man sich immer wieder fragt, warum gerade jetzt dieses oder jenes Ungetüm auftaucht. Anscheinend wohl nur, um dem Film ein wenig Silent-Hill-Atmosphäre zu verleihen. Wären diese Lichtblicke nicht vorhanden, dann wäre der Film reine Horror-Durchschnittsware. Daran können auch die teilweise ekligen Effekte nichts ändern. Und das Ende ist dann dermaßen ärgerlich, weil in ähnlicher Form schon zigmal gesehen, dass man das Kino mit einem unbefriedigten Gefühl verlässt. Man hätte wesentlich mehr aus der Idee machen können!

Sin City

USA 2005, Länge: 124 Min.

Regie: Robert Rodriguez, Quentin Tarantino, D: Jessica Alba, Josh Hartnett, Marley Shelton, Bruce Willis, Alexis Bledel, Mickey Rourke, Elijah Wood, Brittany Murphy, Nick Stahl, Rick Gomez, Benicio Del Toro, Clive Owen, Michael Clarke Duncan, Devon Aoki,Powers Boothe, Rosario Dawson, Carla Gugino, Rutger Hauer

Es gibt nichts über „Sin City“, das nicht schon gesagt wäre. Verfilmung der berühmten schwarz-weiß-Comics von Frank Miller, Quentin Tarantino war neben Robert Rodriguez und Schöpfer Miller selbst Gastregisseur, Film wurde komplett digital bearbeitet, nur das Blut wird rot dargestellt, kultverdächtige Dialoge etc.. Presse wie Fans sind jedenfalls hellauf begeistert von dem Film und feiern ihn jetzt schon als neues "Pulp Fiction". Wenn Filme schon vor ihrem Erscheinen als Kultfilme verehrt werden, hat das ganze ja immer einen faden Beigeschmack und man sollte mit Vorsicht herangehen.

Rodriguez hat sich drei Geschichten von Miller vorgenommen, um sie getreu dem Vorbild auf die Leinwand zu bringen: der alternde Cop Hartigan (Bruce Willis) will das kleine Mädchen Nancy (Jessica Alba) vor einem Triebtäter schützen, der Haudegen Marv (Mickey Rourke) will den Tod seiner großen Flamme Goldie, einer Hure, rächen und Privatermittler Dwight (Clive Owen) steht den Prostituierten von "Old Town" gegen Polizei und Mafia bei. Diese Geschichten sind im Pulp-Fiction-Stil miteinander verwoben, was einen Vergleich durchaus sinnvoll macht. Die Besetzung liest sich wie das momentane who-is-who von Hollywood und sucht wahrhaftig ihresgleichen.

Dass man den Film anschaut ohne die Comics zu kennen, ist sowohl Vor- als auch Nachteil. Vorteil deshalb weil man weiß, was einen erwartet und gleich in der Welt von Sin City zu hause ist. Nachteil, weil man, wenn man den Kennern Glauben schenken darf, eigentlich nichts neues sieht, da Rodriguez es wohl geschafft hat, die Vorlagen absolut werkgetreu zu verfilmen, was eine reife Leistung ist, betrachtet man einmal den surrealen Stil des Originals.
Was begegnet einem auf der Reise nach Sin City? Es sind zerstörte, vom Leben enttäuschte Charaktere, Verlierertypen, die sich und der Welt beweisen wollen, dass sie doch zu etwas fähig sind. Nicht alle jedoch finden am Ende das, was sie suchen...

Jedes weitere Wort wäre eigentlich reine Verschwendung, denn man kann den Film nicht beschreiben, man muss ihn gesehen haben!

Solange du da bist (Just like heaven)

USA 2005, Länge: 95 Min.

R: Mark Waters, D: Reese Witherspoon, Mark Ruffalo, Donal Logue, Dina Spybey, Ben Shenkman

Pünktlich zur Weihnachtszeit kommt die obligatorische Liebeskomödie ins Kino. Reese Witherspoon („Natürlich blond") spielt die junge Ärztin Elisabeth, die bei einem Autounfall schwer verletzt wird und ins Koma fällt. Ihre Wohnung wird derweil an David (Mark Ruffalo) untervermietet, der den Verlust seiner Ehefrau noch nicht verwunden hat. Als sich dieser abends wieder einmal sinnlos betrinkt, steht plötzlich eine wildfremde Frau vor ihm - Elizabeth! Ihre Seele hat sich anscheinend verselbständigt und ist in die Wohnung zurückgekehrt, und will nun ihrerseits den unliebsamen "Gast" loswerden. Dabei scheint es sie gar nicht zu interessieren, dass sie durch Wände laufen und sich an nichts erinnern kann. David hilft ihr jedoch dabei, ihre Identität wiederzufinden, dabei kommen die beiden sich ungewollt näher...

Man nehme: eine süße Hauptdarstellerin, eine romantische Geschichte und eine Priese Humor. Alles gut durchschütteln, fertig ist der Kassenschlager. Dass dabei alles ein wenig an "Stadt der Engel" oder "Ghost" erinnert, stört eigentlich niemand, oder?
Ganz so einfach ist es dann doch nicht, einen guten Film zu machen. Und daher hat man irgendwie das Gefühl, alles schon einmal gesehen zu haben, und natürlich weiß man am Anfang schon, was alles passieren wird. Und trotzdem hat man am Ende Probleme, sich eine Träne zu verkneifen. Böse Produzenten!

Spider-Man 2

USA 2004, Länge: 127 Min.

R: Sam Raimi, D: Tobey Maguire, Kirsten Dunst, James Franco, Alfred Molina, Rosemary Harris, Willem Dafoe, J.K. Simmons, Bruce Campbell

"Große Macht bringt große Verantwortung mit sich!" Peter Parker (Tobey Maguire) ist Spider-Man! Erinnern wir uns: in Teil eins wurde er von einer genetisch manipulierten Spinne gebissen, seitdem sind deren Kräfte auf ihn übergegangen. Und prompt musste er gegen den "Green Goblin" (Willem Dafoe) antreten, zu dem der Vater seines besten Freundes Harry Osborne (James Franco) nach einem missglückten Experiment mutiert ist. Dann war da noch Mary Jane Watson (Kirsten Dunst), Peter's Jugendliebe. Leider konnte zwischen den beiden nie eine Beziehung entstehen, da Peter sein Leben der Verbrechensbekämpfung gewidmet hat.

Mittlerweile sind zwei Jahre ins Land gegangen. Peter ist immer noch als Spider-Man unterwegs und Mary Jane hat ihren Traum von der Schauspielerei verwirklicht. Jedes Mal, wenn sie sich näher kommen, steht ihnen Peters Geheimnis im Wege, und so entschließt sich Mary Jane, einen anderen zu heiraten. Das läßt Zweifel in unserem Helden aufkommen: er möchte endlich ein normales Leben führen, sich seinem Studium widmen und - seine Flamme zurückerobern. Also hängt er sein Kostüm an den Nagel, bzw. wirft es in die Mülltonne. Doch da tritt eine neue Bedrohung auf den Plan: Dr. Otto Octavius (Alfred Molina), ehemals genialer Wissenschaftler in der Kernforschung. Durch eine Panne ist er mit seinen selbstentwickelten Metalltentakeln verschmolzen und plant nun, seine Experimente fortzusetzen. Dazu benötigt er jedoch die Hilfe und das Geld von Peters Freund Harry. Dieser möchte seinerseits Rache an Spider-Man nehmen, weil er ihn für den Tod seines Vaters verantwortlich macht. Octavius, jetzt nur noch "Dr. Octopus" genannt, entführt kurzerhand Mary Jane, um Spider-Man aus der Reserve zu locken....

Viel wurde schon gesagt über die Fortsetzung von Sam Raimis Megaerfolg. Ein großer Erwartungsdruck lag auf dem Regisseur, und all das wurde bei weitem übertroffen! 200 Mio. Dollar in 8 Tagen. Danach absolute Gewinnzone. Einem dritten Teil steht somit nichts im Weg. Die Storyline aus Teil eins wurde konsequent weiterentwickelt, zumal alle Schauspieler wieder mit an Bord sind, sogar Willem Dafoe hat einen kleinen Auftritt. Der Konflikt zwischen Liebe und

Heldentum wurde gut herausgearbeitet, dabei hielt man sich eng an die Comicvorlage. Und mit Dr. Octopus hat man sicher einen der interessantesten Schurken "verpflichtet", von Alfred Molina übrigens erstaunlich glaubwürdig verkörpert. Spider-Man wirkt verletzlicher und menschlicher denn je und wird sogar mehrmals demaskiert. Das tut dem Film ebenfalls sehr gut, die Kritik, dass die Lovestory einen zu großen Teil einnimmt, ist nicht gerechtfertigt.
Fazit: witziger, schneller, und besser denn je! Bitte eine weitere Fortsetzung, Mr. Raimi!

Star Wars Episode III - Die Rache der Sith (Star Wars: Episode III - Revenge of the Sith)

USA 2005, Länge: 140 Min.

R: George Lucas, D: Ewan McGregor, Hayden Christensen, Natalie Portman, Ian McDiarmid, Samuel L. Jackson, Christopher Lee, Jimmy Smits, Anthony Daniels, Kenny Baker, Peter Mayhew, Franz Oz

Nun ist es endlich soweit: Das letzte Kapitel der mittlerweile sechs Filme umfassenden Star Wars Saga ist geschrieben. Die lange erwartete Auflösung aller noch offenen Fragen, die Zusammenführung der Handlungsstränge. George Lucas hat es vollbracht, und somit sein Lebenswerk erfüllt. Es wird definitiv keine weiteren „Star Wars“ Filme geben, auch wenn das ursprüngliche Konzept auf neun Episoden ausgelegt war. Das stimmt ein wenig wehmütig. Da kann der Fakt, dass 2007 zum dreißigjährigen Jubiläum nochmal alle Filme in 3D in die Kinos kommen, kaum hinwegtrösten.

Zur Handlung von Episode 3 wurde ja schon im Vorfeld viel gesagt, deshalb hier nur eine kurze Zusammenfassung. Die Republik ist am Zusammenbrechen. Kanzler Palpatine (Ian McDiarmid) wurde von den Separatisten um Count Dooku (Christopher Lee) entführt. Den Jedi-Rittern Obi-Wan Kenobi (Ewan McGregor) und Anakin Skywalker (Hayden Christensen) gelingt jedoch seine Befreiung. Unterdessen gibt Amidala (Natalie Portman) ihre Schwangerschaft bekannt, Anakin wird also Vater. Jedoch plagen ihn Alpträume, dass seine Frau bei der Geburt sterben wird. Aus Dank für seine Rettung, und um ihm zu zeigen wie er Amidalas Tod verhindern kann, zeigt Palpatine Anakin die dunkle Seite der Macht - er ist nämlich der geheimnisvolle Sith-Lord, nach dem die ganze Zeit gesucht wurde. Obi-Wan bekommt vom Jedi-Rat den Auftrag, den Robotergeneral Grievous, den letzten Anführer der Separatisten, aufzuspüren und zu erledigen. Behilflich dabei ist ihm eine Armee von Klon-Kriegern. Plötzlich wenden diese sich jedoch gegen ihn. Und nicht nur das: anscheinend werden die Jedi überall gejagt und vernichtet. Denn Palpatine, der Anakin mittlerweile auf seine Seite gezogen hat, hat kurzerhand die Republik aufgelöst, und das erste galaktische Imperium ausgerufen, an dessen Spitze er selbst natürlich als der neue Imerator stehen wird. Alle Jedi sollen ausgelöscht werden. Auf dem Planeten Mustafar kommt es dann zum Kampf zwischen Obi-Wan und Anakin, bei dem letzterer schwer verletzt wird. Vom Imperator gerettet, und mit Atemmaske und künstlichen Körperteilen ausgestattet, ist die

Verwandlung zum allseits gefürchteten Darth Vader endgültig vollzogen. Amidala stirbt, als sie die Zwillinge Luke und Leia bekommt. Die Kinder werden getrennt, um sie vor ihrem Vater zu verstecken. Yoda geht ins Exil nach Dagobah, und Obi-Wan führt von nun an ein Leben als Einsiedler auf Tattooine. Und Darth Vader begutachtet den Fortschritt beim Bau einer tödlichen Waffe der Vernichtung - der Todesstern!

Gratulation! George Lucas hat in knapp zweieinhalb Stunden das unmögliche geschafft. Er hat den (fast) perfekten Übergang zur "alten" Trilogie geschafft. Nur gegen Ende hat man ein wenig den Eindruck, dass man das alte Design mit der Brechstange noch einbinden wollte, und so wirkt der plötzliche Wechsel zu weißen Raumschiffkorridoren und den Uniformen der imperialen Truppen etwas unglaubwürdig. Aber das wichtigste ist nun einmal die Handlung, und die geht (trotz der vielen Spezialeffekte) nicht ganz unter. Anakins Verwandlung zu Darth Vader wurde genauso überzeugend auf die Leinwand gebracht wie die Offenbarung von Darth Sidious alias Kanzler Palpatine. Schade nur, dass die Droiden R2-D2 und C3PO kaum Auftritte haben. So fehlt ein wenig der warmherzige Humor, der die früheren Filme auszeichnete. Trotzdem ist "Die Rache der Sith" der stärkste Film der Prequel-Trilogie, weil er dem ursprünglichen Geist von Star Wars am nächsten kommt.

Syriana

USA 2005, Länge: 128 Min.

R: Stephen Gaghan, D: George Clooney, Matt Damon, Amanda Peet, Christopher Plummer, William Hurt, Jeffrey Wright, Alexander Siddig

Nachdem es in "Traffic" um die Drogenproblematik ging, packen die Macher des Films in "Syriana" erneut ein unbequemes Thema an: den Kampf um die Ressource Erdöl im Nahen Osten, die Verstrickung der USA in diesem Konflikt und den Terrorismus fanatischer Muslime. Verschiedenste Handlungsstränge werden dabei wie auch schon bei "Traffic" miteinander verwoben und erst gegen Ende des Films erkennt man alle Zusammenhänge. So soll zum Beispiel der CIA-Agent Bob (George Clooney) den arabischen Prinzen Nasir (Alexander Siddig) eliminieren, da er der USA ein Dorn im Auge ist. Der Prinz will sein Land reformieren und zu einer vom Öl unabhängigen Wirtschaftsmacht ausbauen. Dazu macht er den Energieexperten Bryan Woodman (Matt Damon) zu seinem Berater. Unterdessen ist die Fusion zweier amerikanischer Erdölkonzerne geplant, die sich in Kasachstan um neue Ölfelder streiten.

Das und noch vieles mehr passiert in den circa zwei Stunden, die der Film dauert. Man muss schon sehr konzentriert der Handlung folgen, um nicht den roten Faden zu verlieren. Lobenswert sind die Leistungen des riesigen Darstellerensembles und die Kritik an den gängigen Vorgehensweisen, die im Umgang mit Erdöl an den Tag gelegt werden. Was jedoch nicht darüber hinwegtäuscht, dass der Film über weite Strecken schlicht und ergreifend langweilig ist. Diese Thematik hätte man wesentlich spannender vermitteln können!

Tatsächlich Liebe (Love actually)

GB 2003, Länge: 129 Min.

R: Richard Curtis, D: Hugh Grant, Alan Rickman, Billy Bob Thornton, Liam Neeson, Emma Thompson, Denise Richards, Rowan Atkinson, Laura Linney, Colin Firth, Keira Knightley, Heike Makatsch, Bill Nighy

In geschickt verstrickten Episoden wird die Geschichte mehrerer Liebespaare und Romanzen erzählt. Prominentester Beteiligter ist dabei der englische Premierminister (Hugh Grant), der sich in seine Assistentin (Martine McCutcheon) verliebt. Der kleine Sam hingegen möchte unbedingt Joanne kennenlernen, das tollste Mädchen der Schule. Leider scheint sie sich nicht für ihn zu interessieren. Dann gibt es noch den Schriftsteller Jamie (Colin Firth), dem es sein portugiesisches Hausmädchen angetan hat. Leider spricht er aber kein portugiesisch und sie kein englisch. Eine weitere Geschichte dreht sich um Mark, der für die frischgebackene süße Frau (Keira Knightley) seines besten Freundes schwärmt. Und so ist im vorweihnachtlichen England jeder auf der Suche nach seinem Glück und ein wenig Zuneigung, nicht alle jedoch finden wonach sie suchen.

Eins vorweg: wer sich in Weihnachtsstimmung versetzen möchte, sollte sich unbedingt diesen Film anschauen. Danach wird er es auf jeden Fall sein. Vor allem frisch verliebte Paare werden die warmherzigen, mit viel britischem Humor erzählten Episoden zu schätzen wissen.
Dem Regisseur ist ein Kunstgriff gelungen: er hat zum einen bis zum kleinsten Nebendarsteller die perfekte Besetzung für die Rollen gewählt, andererseits hat er es geschafft, mehr als 10 Hauptfiguren glaubwürdig einzuführen und zu charakterisieren.
Viel mehr gibt es eigentlich nicht zu sagen. Der Film ist unterhaltsam und bietet eine tolle Atmosphäre. Das einzige Manko: er ist vielleicht einen Tick zu lang geraten.

Der Teufel trägt Prada (The Devil Wears Prada)

USA 2006, Länge: 109 Min.

R: David Frankel, D: Anne Hathaway, Meryl Streep, Stanley Tucci, Emily Blunt, Adrian Grenier, Simon Baker, Heidi Klum

Uni-Absolventin Andrea Sachs (Anne Hathaway) bekommt die Chance ihres Lebens: ein Vorstellungsgespräch als persönliche Assistentin von Miranda Priestly (Meryl Streep), Chefin der führenden Modezeitschrift „Runway". Die abfälligen Blicke der geschminkten Modepüppchen im Verlagsgebäude zeigen, dass dieses Business aber so gar nicht ihre Welt ist. Aber gerade, weil sie wenig Wert auf die aktuelle Mode legt, und intelligent zu sein scheint, wird Andrea überraschend eingestellt. Anfangs ist es erwartungsgemäß die Hölle, denn Miranda ist eine mit ätzendem Sarkasmus ausgestattete Despotin, die weder Widerrede noch Inkompetenz duldet. Doch je mehr Einblicke Andrea in die Modewelt erhält, und je mehr sie sich sowohl innerlich als auch äußerlich anpasst, desto besser gelingt es ihr, das „Mädchen für alles" zu sein. Leider entfremdet sie sich dabei jedoch immer mehr von ihrem alten Leben, und bald kriselt es auch in der Beziehung zu Freund Nate (Adrian Grenier) ... .

Der Film basiert zwar nicht direkt auf einer wahren Geschichte, hat aber wohl ein reales Vorbild: Anna Wintour, Chefin der „Vogue". Geradezu diktatorisch soll es unter ihrer Fuchtel zugehen. Eine passendere Besetzung als Meryl Streep hätte man hierfür nicht finden können. Ein Blick von ihr sagt mehr als tausend Worte, den Unzulänglichkeiten ihrer Angestellten begegnet sie mit triefendem Sarkasmus, der seinesgleichen sucht. Dabei würden die Leistungen der anderen Schauspieler ein wenig verblassen, wäre da nicht der wunderbare Stanley Tucci, der seine Rolle so spielt, als ob er sein Leben lang nichts anderes getan hätte, als für ein Modemagazin zu arbeiten.

Was man dem Film ein wenig ankreiden kann, ist die arg vorhersehbare Story. Das pointenreiche Spiel der Darsteller und das flotte Erzähltempo machen das Anschauen aber dennoch lohnenswert!

Der tierisch verrückte Bauernhof (Barnyard)

USA 2006, Länge: 90 Min.

R: Steve Oedekerk, Originalsprecher: Kevin James, Courtney Cox, Sam Elliott, DannyGlover, Andie MacDowell

Wenn die Katze nicht da ist, tanzen die Mäuse auf dem Tisch! Und wenn der Bauer nicht da ist, dann... gehen die Tiere plötzlich aufrecht, fangen an zu sprechen, bestellen Pizzas und feiern wilde Partys! So zumindest will Steve Oedekerk es uns weismachen. Der Regisseur und gleichzeitige Erfinder des „Daumenkinos" (Thumbwars, Bat Thumb etc.) springt mit „Barnyard" auf die momentan grassierende Welle von CGI-Trickfilmen auf und versucht somit, den großen Firmen Pixar und Dreamworks Konkurrenz zu machen.

Die Geschichte ist dabei denkbar einfach: Die sorglose Kuh Otis will lieber den ganzen Tag Partys feiern und Spaß haben, anstatt ihrem Vater Ben beim Anführen und Beschützen der Tiere zu helfen. Als Ben von einem Rudel Coyoten angegriffen und tödlich verletzt wird, erkennt Otis, dass er jetzt Verantwortung übernehmen muss.

Der Hauptunterschied zu den Großproduktionen fällt gleich zu Beginn auf: die Qualität der Animationen und Detailfülle erreicht nicht ansatzweise die ihrer Vorbilder. Und auch die Identifikation mit den Figuren fällt anfangs schwer, denn der typische Humor scheint zu fehlen. Im Laufe des Films wird man jedoch eines Besseren belehrt, und immer mehr wird klar, dass hier keine Kopie von „Ice Age" und „Madagascar" produziert werden sollte, sondern etwas eigenständiges. Oedekerk präsentiert uns eine völlig neue Sichtweise der Dinge. Wer sich immer schon einmal fragte, was eine Kuh eigentlich macht, wenn man nicht hinschaut, der wird hier eine Antwort bekommen. Die typischen Eigenschaften der Tiere werden liebevoll durch den Kakao gezogen, etwa das „Stöckchen-holen" bei Hunden oder Wiederkäuen der Kühe. Dadurch entsteht eine Selbstironie, die in den meisten anderen Produktionen dieser Art nicht zu finden ist. Leider werden diese stilistischen Mittel nur inkonsequent eingesetzt, und so verfällt man häufig in die Schiene der Billig-Comedy und Lückenfüllerwitze. Peinlich wird es immer dann, wenn der Humor nicht aus den Figuren und deren Beziehungen erwächst, sondern schlicht und ergreifend aufgesetzt wirkt. Besonders negativ fällt die Szene auf, in der ein dickleibiges Tier „Mr. Boombastic" von Shaggy zum besten gibt. So etwas hätte man sich einfach sparen können. Und eine Frage bleibt den ganzen Film über offen: Warum in aller Welt handelt der Film von „männlichen Kühen"? Wo ist der geschlechtliche Unterschied, und wie konnte die Kuh Daisy schwanger werden, wenn selbst die „Männer" ein Euter tragen? Das wird uns wohl nur Regisseur und Drehbuchautor Oedekerk beantworten können!

Timeline

USA 2003, Länge: 116 Min.

R: Richard Donner, D: Paul Walker, Frances O?Connor, Gerard Butler, Billy Connolly, David Thewlis, Neal McDonough, Ethan Embry, Anna Friel, Marton Csokas, Matt Craven, Michael Sheen, Lambert Wilson, Rossif Sutherland

Michael Crichton, der Autor von „Jurassic Park“ und „Congo“, lieferte die Vorlage für den neuen Film von Richard Donner: Chris Johnston's (Paul Walker) Vater ist Archäologe und leitet die Ausgrabungen eines mittelalterlichen Dorfes. Als er eines Tages plötzlich verschwindet, machen seine Kollegen eine seltsame Entdeckung: in einer Höhle, die 700 Jahre kein Mensch betreten hat, finden sie ein Brillenglas vom Professor! Die Erklärung ist so spannend wie unglaubwürdig: anscheinend hat die Firma ICT einen Weg gefunden, den menschlichen Körper in elektrische Daten und Impulse zu zerlegen und über große Entfernungen zu teleportieren. Dabei wurde durch Zufall ein so genanntes Wurmloch entdeckt, welches die Verbindung zur Vergangenheit herstellt. Und Professor Johnston sitzt nun in der Vergangenheit, genau genommen im Jahr 1357 fest. Zusammen mit einigen Archäologen und Soldaten macht sich Chris zur Rettungsmission auf...

Nette Idee von Michael Crichton, die allerdings nicht ganz neu ist. Das ganze erinnert an Eschbachs „Das Jesus Video“, interessant wäre, wer hier von wem abgekupfert hat. Die wissenschaftliche Erklärung ist natürlich hanebüchen und einige krasse Logikfehler sind ebenfalls vorhanden. Aber ein gewisser Spaßfaktor ist immer irgendwie dabei, wenn eines von Crichtons Büchern verfilmt wird, auch wenn sie von der Struktur her alle gleich sind. So ist zum Beispiel meist ein großer Industriekonzern verwickelt, der eine mehr oder weniger moralisch vertretbare, aber immer bahnbrechende Entdeckung gemacht hat.
Der Film wäre sogar äußerst unterhaltsam, wenn er nur etwas spannender und nicht ganz so vorhersehbar sein würde. Und das Drehbuch nicht derart hölzern. So bleibt er aber nur Durchschnittsware.

(T)Raumschiff Surprise Periode 1

D 2004, Länge: 93 Min.

R: Michael Bully Herbig, D: Michael Bully Herbig, Rick Kavanian, Christian Tramitz, Anja Kling, Til Schweiger, Andreas Seifert, Stacia Widmer, Reiner Schöne, Anton Figl, Maverick Quek, Gerd Rigauer, Sky DuMont, Christoph Maria Herbst, Diana Herold

Wenn man den erfolgreichsten deutschen Film aller Zeiten gedreht hat, und damit 12 Millionen Zuschauer in die Kinos locken konnte, ist es schwer dies zu toppen. Genau vor diesem Problem stand Michael "Bully" Herbig nach "Der Schuh des Manitu". Was also tun? Am besten die Zuschauer selbst entscheiden lassen, was als nächstes verfilmt wird. Zur Auswahl stand eine Fortsetzung von "Manitu", "Sissi" und ein Film über die drei tuntigen Helden vom Traumschiff. Letzterer machte schließlich das Rennen.

Irgendwann in ferner Zukunft: der "Regulator" will vom Mars aus die Erde angreifen. Um das zu verhindern, gibt es nur einen Ausweg: eine Zeitreise machen, um die Besiedlung des Mars niemals geschehen zu lassen. Da sich aber sonst niemand für dieses waghalsige Unterfangen bereit erklärt, muss die Besatzung der "Surprise" herhalten. Jedoch scheinen Captain Kork (Christian Tramitz), Mr. Spuck (Michael Herbig) und Schrotty (Rick Kavanian) alles andere als geeignet für diesen Job...

Die Erwartungen waren groß, nachdem "Der Schuh des Manitu" einer der witzigsten deutschen Filme überhaupt war. Erste Zweifel kamen bei der Wahl des nächsten Filmes: können die kleinen schlüpfrigen Sketchchen um eine schwule Raumschiffbesatzung für einen kompletten Kinofilm herhalten, wo sie doch schon im TV nur Mittelmaß waren?
Als erstes ist man jedoch von den beeindruckenden Special-Effects überwältigt, die an "Star Wars" erinnern, und nicht an eine deutsche Produktion. Überhaupt wurde aus diversen Streifen geklaut, allen voran natürlich "Star Trek", aber auch "Starship Troopers", "Das fünfte Element" und später dann "Ritter aus Leidenschaft". Das ist ja an sich nicht so schlimm, eine Parodie darf das. Jedoch wirkt der Mix irgendwie unausgegoren, und der Humor kann nicht mit "Der Schuh des Manitu" mithalten. Platte Kalauer und ab und zu der Versuch von schwarzem Humor a lá Monty Python reichen keineswegs für eine gute Komödie aus.

Und die Befürchtung vom Anfang bestätigt sich ebenfalls: der Science-Fiction-Story geht nach 30 Minuten die Luft aus. Das hat auch Bully gemerkt, und deshalb eine Zeitreise eingebaut. Im Mittelalter ist das ganze dann wesentlich witziger und am Ende kommt, was kommen muss: eine weitere Zeitreise in den Wilden Westen und ein Auftritt des aus "Manitu" bekannten und beliebten Bösewichts Santa Maria (Sky Dumont).

Einige Highlights bietet der Film dann aber doch, etwa den Charakter des sächselnden Jens Maul, verkörpert von Rick Kavanian. Das ist zwar auch nicht wirklich originell, aber Kavanian's Gesichtsausdrücke plus sein einmaliger Dialekt reichen doch für den einen oder anderen Lacher.

Alles in allem ist "(T)raumschiff Surprise" jedoch eine Enttäuschung, weil man von Bully einfach mehr erwartet hatte. Der Film ist sicherlich besser als die meisten deutschen Komödien, aber man ist halt doch einen hohen Standard gewöhnt.

Troja (Troy)

USA 2004, Länge: 162 Min.

R: Wolfgang Petersen, D: Brad Pitt, Eric Bana, Orlando Bloom, Sean Bean, Diane Krüger, Peter O'Toole, Julie Christie, Brian Cox, Brendan Gleeson

Schauplatz: das antike Griechenland. König Agamemmnon ist zwar nicht überall beliebt, hat es jedoch geschafft, die griechischen Stämme zu einem großen Königreich zu vereinen. Er hätte es jedoch nicht ohne die Hilfe des eigensinnigen Achilles (Brad Pitt) geschafft, der als bester Krieger seiner Zeit gilt. Nach langer Zeit wurde nun ein Friede mit dem benachbarten Troja und dessen König Priamos (Peter O'Toole) geschlossen. Jedoch hat sich Paris (Orlando Bloom), der zweite Sohn von Priamos in Helena (Diane Krüger), die Frau von Agamemmnons Bruder Menelaos (Brendan Gleeson) verliebt, und entführt diese nach Troja. Die Griechen, im Zorn entbrannt und blind vor Machtgier, greifen Troja mit einer riesigen Flotte und 50 000 Kriegern, denen auch Achilles angehört, an. Die Verteidigung der Stadt untersteht dem Befehl von Hector (Eric Bana), Paris' älterem Bruder. Es kommt zur größten Schlacht der Antike.

Die Geschichte, die sich wie eine Seifenoper des Altertums anhört, basiert auf Homers „Illias". Regisseur Petersen hat jedoch die dreißig Jahre andauernde Schlacht um Troja auf einige Tage reduziert, und sämtliche damit in Zusammenhang stehende Mythen in einen Topf geworfen, etwa das berühmte trojanische Pferd oder Achilles. Hinzu kam ein Budget von 150 Millionen Dollar. Das Ergebnis: trotz Überlänge bietet „Troja" alles, was man sich für einen gelungenen Kinoabend wünschen kann: große Gefühle, starke Männer, bombastische Kulissen und ein wenig Pathos. Und mit Eric Bana und Brad Pitt zwei Hauptdarsteller, die gleichermaßen eine gute Figur machen und sehr charismatisch sind.

Underworld – Evolution

USA 2005, Länge: 93 Min.

R: Len Wiseman, D: Kate Beckinsale, Scott Speedman, Tony Curran, Bill Nighy

Nach dem Erfolg von "Underworld" war es eine logische Schlussfolgerung, dass es eine Fortsetzung geben würde, und dass natürlich Kate Beckinsale als toughe Vampirkämpferin Selena wieder die Hauptrolle spielen würde.

Wieder dreht sich alles um den Kampf zwischen Vampiren und Lykanern, besser bekannt als Werwölfe. An der Seite Ihres Freundes Michael (Scott Speedman), der im ersten Teil zu einem Hybriden zwischen den zwei verfeindeten Rassen wurde, kämpft Selena diesmal gegen Obervampir Marcus, der seinen Bruder, den Werwolf William, nach jahrhundertelanger Gefangenschaft befreien, und mit ihm zusammen die Herrschaft übernehmen will.

"Underworld 2" ist Popcornkino! Das halten wir einmal fest. Aber Popcornkino der absoluten Extraklasse! Besser kann man sich in 90 Minuten nicht unterhalten lassen. Man sollte nur keine Geschichte mit Tiefgang oder Charakterentwicklung erwarten! Als Horrorfilmfan geht man natürlich erst einmal zwiegespalten an den Film heran. Zu tief sitzen die Eindrücke, die Machwerke wie "Van Helsing" oder "An American Werewolf in Paris" hinterlassen haben. Die Befürchtung, der Film könnte vor lauter Action den Horror vergessen, oder mit billigen CGI Effekten überladen sein, bestätigt sich nur teilweise. Denn meist wird mit altmodischen Kostümen, Modellen und Puppen gearbeitet, und die Werwolfsverwandlungen erinnern an selige Zeiten des Horrorfilms, auch wenn sie hier im Zeitraffer ablaufen. Und was die Action betrifft: ja, es gibt eine Menge davon! Aber nicht im Stil eines "Matrix"-Abklatsches, was zu vermuten war. Die Kampfszenen fügen sich gut in den Film und seine Handlung ein, und Kate Beckinsale ist in ihrem engen Latexoutfit allemal sehenswerter als Trinity! Und wenn sie ihr Kostüm dann für eine Bettszene auch noch ablegt, sind die letzten Zweifel beseitigt! Apropos Kostüme: die gotisch angehauchten Bekleidungen der Vampire sehen wirklich verdammt gut aus und tragen einiges zur Stimmung bei!
So fällt "Evolution" absolut angenehm auf und man kann eigentlich nur auf eine weitere Fortsetzung hoffen!

Unleashed – Entfesselt

USA/F/GB 2005, Länge: 103 Min.

R: Louis Leterrier, D: Jet Li, Morgan Freeman, Bob Hoskins, Kerry Condon, Andy Beckwith

Wenn man sein Halsband entfernt, wird Danny (Jet Li) zur perfekten Kampfmaschine ohne Angst und Gefühle, und macht jeden Gegner, egal wie groß, in Sekundenbruchteilen zunichte. Aufgezogen, ausgebildet und wie ein Hund gehalten vom schmierigen Schutzgeldeintreiber Bart (Bob Hoskins), ist Danny eine lukrative Einnahmequelle für diesen, unter anderem in illegalen Kämpfen auf Leben und Tod. Nach einem Autounfall wird er vom blinden Klavierstimmer Sam (Morgan Freeman) und seiner Adoptivtochter Victoria (Kerry Condon) gesund gepflegt. Erstmals entdeckt er die schönen Seiten des Lebens und lernt, Gefühle zu entwickeln. Doch dann taucht Bart wieder auf, und will sein "Eigentum"zurück...

Unleashed wurde produziert von Luc Besson, dem "französischen Spielberg". Dessen Sinn für interessante Optik und schnelle Schnitte merkt man dem Film dann auch deutlich an. Jet Li entfesselt wieder ein wahres Feuerwerk an Action und Akrobatik in seinen ultraharten Kampfszenen. Aber diesmal wird auch seine Schauspielkunst gefordert, und er macht seinen Job gar nicht mal so schlecht. Sein Gesicht ist gezeichnet vom Schmerz und der Pein der langen Jahre ein einem sklavereiähnlichem Zustand. Und mit Morgan Freeman und Bob Hoskins wurden zwei wunderbare Schauspieler engagiert, die dem Film eine zusätzliche Tiefe verleihen. Lediglich die Vorhersehbarkeit der Story und einige typische Klischees stören etwas. Für Fans von Jet Li ist „Unleashed" trotzdem allemal sehenswert, aber auch der normale Kinogänger darf einen Blick riskieren.

The Village

USA 2004, Länge: 108 Min.

Regie: M. Night Shyamalan, Darsteller: Joaquin Phoenix, Bryce Howard, Sigourney Weaver, William Hurt, Adrien Brody, Judy Greer, Jayne Atkinson, Lee Burkett, Aaron Fiore, David Foster, Jesse Eisenberg, Frank Collison, Jordan Burt, Michael Pitt, Celia Weston

Die scheinbare Idylle im kleinen Dörfchen Covington täuscht. Die Bewohner werden von schrecklichen Wesen bedroht, den "Unaussprechlichen", die in den Wäldern rings um das Dorf ihr Unwesen treiben. Doch seit einiger Zeit herrscht so etwas wie Waffenstillstand: solange niemand von den Dorfbewohnern die Waldgrenze überschreitet, werden diese in Ruhe gelassen. Erst als der Eigenbrötler Lucius Hunt (Joaquin Phoenix) durch den Wald in die nächste Stadt gehen will, um dringend benötigte Medikamente zu holen, gerät die Situation außer Kontrolle...

Mystery-Spezialist M. Night Shyamalan ("The sixth sense") hat sich für seinen neuen Film eine interessante Story ausgesucht. Ein abgeschiedenes Dorf, seltsame Wesen die nachts Zeichen an den Türen hinterlassen, das alles machte schon in der Vorschau Lust auf mehr. Leider kommt das ganze nur sehr langsam in Fahrt und wenn es dann endlich losgeht, denkt man sich nur: Jungs, das kann nicht Euer Ernst sein! Der Film verliert nämlich zunächst jeglichen Reiz, und zwar genau dann, wenn man die "Monster" zum ersten Mal sieht. Durch einige geschickte Wendungen jedoch gelingt es dem Regisseur, den Zuschauer dennoch bis zum Schluss zu fesseln, auch wenn sich der Film von seinem ursprünglichen Thema weit entfernt hat. Zugute halten muss man Shyamalan auch seine wie gewohnt stimmungsvollen Bilder und glaubwürdigen Charaktere. Alles in allem ein recht ordentlicher Film, von dem man aber einfach mehr erwartet hätte.

Voll auf die Nüsse (Dodgeball)

USA 2004, Länge: 92 Min.

R: Rawson Marshall Thurber, D: Vince Vaughn, Christine Taylor, Ben Stiller, Jason Bateman, Rip Torn, Gary Cole, Missi Pyle, Cayden Boyd, Jamal E. Duff, Stephen Root, Alan Tudyk, Julie Gonzalo, Justin Long, David Hasselhoff, William Shatner, Lance Armstrong, Chuck Norris

Dodge Ball, oder bei und auch Völkerball genannt, gehört in den USA zu den Randsportarten und läuft auf den Sportkanälen meist nachts zwischen Holzfällerwettkkämpfen und Drag Race. Jetzt kommt eine Sportkomödie, die sich diesem Thema ausgiebig widmet: "Voll auf die Nüsse", so der, zugegeben etwas plumpe, deutsche Titel.

Peter LeFleur (Vince Vaughn) ist Besitzer eines abgehalfterten Fitness-Studios. Es läuft mehr schlecht als recht, denn die Bank sitzt ihm im Nacken und will Geld sehen. Zudem hat sich nebenan Erzrivale White Goodman (Ben Stiller) mit seinem "Globo Gym" breit gemacht. Dort ist natürlich alles besser, schöner und größer. Eines Tages ist es dann soweit: Wenn Peter nicht binnen kurzer Zeit 50.000 Dollar auftreibt, muss er sein Studio verkaufen. Was also tun? In einem Sportmagazin entdeckt einer von seinen treuesten Freunden dann eine Anzeige: Bei den Dodge-Ball-Meisterschaften beträgt die Siegprämie genau 50.000 Dollar. Mitmachen kann eigentlich jeder. Im Schnellverfahren wird eine "Mannschaft" zusammengestellt, und wie es das Schicksal so will, erklärt sich Dodge-Ball-Legende Patches O'Houlihan (Rip Torn) bereit, das Training zu leiten.

"Voll auf die Nüsse" war in den USA der Überraschungshit des Sommers und spielte über 100 Millionen Dollar ein. Wenn man sich von der dümmlichen deutschen Übersetzung des Filmtitels nicht abschrecken lässt, wird einem auch wirklich einiges geboten: Ben Stiller beispielsweise brilliert als arroganter und gleichzeitig vollkommen dämlicher Fitness-Guru, stilecht mit Fönfrisur und Schnauzbart. Zusätzlich gibt es noch einige köstliche Gast-Auftritte, etwa von David Hasselhoff oder Chuck Norris. Natürlich besteht die Mannschaft nur aus Außenseitern, deren Witzigkeit überwiegend von ihren Äußerlichkeiten ausgeht. Und selbstverständlich gibt es auch viele klischeehafte, vorhersehbare Szenen im Film. Aber trotzdem, oder vielleicht gerade deshalb macht das Anschauen großen Spaß. Tipp: einfach zurücklehnen und ablachen, denn seit "Die Indianer von Cleveland" gab es keine so amüsante Sportkomödie mehr!

Voll gepunktet (The perfect score)

USA 2004, Länge: 93 Min.

R: Brian Robbins, D: Chris Evans, Erika Christensen, Scarlett Johansson, Bryan Greenberg, Leonardo Nam, Darius Miles, Tyra Ferell, Matthew Lillard

Kyle (Chris Evans) will am liebsten Architekt werden. Und Desmond (Darius Miles) träumt von einer Basketball-Karriere. Anna (Erika Christensen) wiederum möchte als professionelle Fotografin arbeiten. Alle drei verbindet das gleiche Ziel: sie wollen aufs College gehen und dort studieren. Nach dem Highschool-Abschluss ist in den USA aber erstmal der SAT angesagt. Ein Test, der über die Zulassung zu den unterschiedlich guten Universitäten entscheidet. Das System ist ganz einfach: je mehr Punkte man bekommt, desto besser ist das College, das man besuchen darf. Der Test ist jedoch nicht ganz so einfach, und die Durchfallquote relativ hoch. Das veranlasst die drei, zusammen mit Kyle's Kumpel Matty (Bryan Greenberg) und dem ständig bekifften Roy (Leonardo Nam) einen Entschluss zu fassen: Die Prüfungsergebnisse müssen her! Die Frage lautet aber: wie kommt man an diese Dokumente heran? Ein Plan wird geschmiedet und in einer nächtlichen Aktion bricht man mit in das Gebäude der Prüfungskommission ein. Behilflich ist ihnen dabei Francesca (Scarlett Johansson), deren Vater Chef der Prüfungskommission ist.

„Voll gepunktet" ist eine Produktion des Musiksenders MTV. Das wäre als Kritik normalerweise schon völlig ausreichend. Stereotype Teenager bewegen sich durch einen 90-Minuten-Videoclip. Nur selten ist der Film wirklich witzig, meistens dann, wenn Kiffer Roy zum Einsatz kommt. Und die Story ist auch nicht gerade wahnsinnig originell. Vor einem völligen Fiasko retten den Film nur zwei Dinge: die Zeit vergeht trotz allem recht schnell und Scarlett Johansson ist ein netter Anblick.

Walking Tall

USA 2004, Länge: 86 Min.

R: Kevin Bray, D: The Rock, Johnny Knoxville, John Beasley, Barbara Tarbuck, Kristen Wilson, Ashley Scott

Wenn der Ex-Profiwrestler Dwayne "The Rock" Johnson und Johnny Knoxville, bekannt geworden mit der MTV-Serie "Jackass", zusammen in einem Film spielen, erwartet man zunächst einmal nichts besonderes. Eine flache Geschichte, gepaart mit einigen Stunts und etwas anspruchslosem Humor vielleicht. Umso ungewöhnlicher mutet der Hinweis zu Beginn des Films an, die Handlung basiere auf einer wahren Begebenheit.

Als der ehemalige Elitesoldat Chris (The Rock) nach Jahren in sein beschauliches Heimatstädtchen zurückkehrt, ist nichts mehr so wie es war. Das Sägewerk in dem sein Vater gearbeitet hat, wurde geschlossen der neue Hauptarbeitgeber ist ein Spielcasino. Drogenhandel und Falschsspiel sind dort an der Tagesordnung, und der Besitzer (Neal McDonough) scheint großen Einfluss in der Stadt zu haben. Selbst der Sheriff sieht über gewisse Regelwidrigkeiten hinweg. Zu viel des Unrechts, denkt sich Chris, kandidiert seinerseits zum Sheriff und wird auch prompt gewählt. Doch von nun an lebt er gefährlich, denn die Schergen vom Casino haben es auf ihn abgesehen. Hilfe bekommt er nur von Kumpel Ray (Johnny Knoxville), den er prompt zum Deputy ernannt hat.

"Ein Mann allein gegen eine Stadt" wäre sicherlich auch ein passender Filmtitel gewesen. Regisseur Kevin Bray präsentiert uns einen Film, in dem es von altbekannten Motiven nur so wimmelt: Kriegsheimkehrer wird zum Außenseiter, Polizeistation wird belagert, alte Konflikte der Schulzeit leben wieder auf etc. Das ganze wird anfangs als Drama präsentiert und bewegt sich immer mehr in Richtung Action-Komödie. Da aber weder das holprige Drehbuch noch die Schauspielkünste des Hauptdarstellers für ein Drama geeignet scheinen, beginnt der Film recht schleppend. Dann aber, als The Rock endlich das macht was er am besten kann, nämlich Leute vermöbeln, wird der Film richtig unterhaltsam. Johnny Knoxville trägt mit seinem Humor sein übrigens dazu bei, so dass die beiden durchaus die legitimen Nachfolger von Bud Spencer und Terence Hill werden könnten. Am Ende bleibt nur noch die Frage, ob der Film tatsächlich auf einer wahren Begebenheit basiert, da einige Handlungselemente doch weit hergeholt scheinen und eher an einen Wildwest-Film erinnern als an das reale Leben.

Der Wixxer

D 2004, Länge: 87 Min.

R: Tobi Baumann, D: Oliver Kalkofe, Bastian Pastewka, Tanja Wenzel, Olli Dittrich, Anke Engelke, Thomas Fritsch, Thomas Heinze, Wolfgang Völz, Oliver Welke

In der Londoner Unterwelt treibt der „Wixxer" sein Unwesen: maskiert mit einem Totenkopf, eliminiert er einen Gangsterboß nach dem anderen. Unter anderem sind ihm schon der „Mönch mit der Peitsche" und der „dicke Hai" zum Opfer gefallen.
Ein klarer Fall für Chefinspektor Even Longer (Oliver Kalkofe), der sich mit seinem neuen Partner Very Long (Bastian Pastewka) in die Ermittlungen stürzt. Wer steckt hinter der Maske? Vielleicht der Schlossherr von Schloss Blackwhite Castle, der Earl of Cockwood (Thomas Fritsch)? Oder doch der zwielichtige Smeerlap, ein alter Bekannter vom Inspektor?

Die Darstellerriege: das who-is-who der deutschen Comedy. Die Story: eine Hommage an alte Edgar-Wallace-Filme, liebevoll durch den Kakao gezogen. Die Ausstattung: detailverliebt und überzeugend. Respekt Herr Kalkofe! Auch wenn der bisherige TV-Satiriker („Kalkofes Mattscheibe") und Radio-Comedian („Frühstüxxradio") nicht Regie geführt hat, merkt man ihm doch eindeutig seine Handschrift an. Das Drehbuch hat er zusammen mit den Kollegen Bastian Pastewka („Die Wochenshow") und Oliver Welke geschrieben, wobei letzterer ein Mitstreiter Kalkofes aus alten Comedy-Tagen ist.
Was den Film so faszinierend macht, ist der Gesamteindruck, den er vermittelt. Alles scheint rund, nur selten geht mal ein Witz ins Leere. Zudem handelt es sich nicht um den für deutsche Komödien üblichen Fäkal-Humor (Harte Jungs) oder Beziehungsknatsch (Der bewegte Mann), sondern um intelligente Wortspiele und hintergründige Anspielungen. Aber auch der einfache Zuschauer kommt natürlich zu seinen Lachern, etwa wenn Olli Dittrich und Anke Engelke als sächselndes Ehepaar in England einfallen. Das mit dem sächsischen Dialekt ist zwar nicht neu (warum nehmen die nicht mal bayrisch oder schwäbisch sprechende Leute?), ist aber dank Dittrich und Engelke trotzdem ganz amüsant.
Großes Lob noch an die Techniker, der Wechsel zwischen Schwarz-Weiß (auf Blackwhite Castle) -und Farbfilm wurde erstaunlich gut realisiert und trägt zusätzlich zur typischen Wallace-Atmosphäre bei.

Man könnte jetzt noch stundenlang die kleinen Details besprechen, die man teilweise sicher erst bei zweiten Anschauen bemerkt (die Namen der Personen, die unzähligen Gastauftritte deutscher Promis etc.), dies würde aber sicherlich den Rahmen dieser Filmkritik sprengen.
Nach „Der Schuh des Manitu" ist „Der Wixxer" die zweite deutsche Komödie, die auf ganzer Linie überzeugen kann. Bitte mehr davon!

Wrong Turn

USA 2003, Länge: 95 Min.

R: Rob Schmidt, D:Eliza Dushku, Desmond Harrington, Jeremy Sisto, Emmanuelle Chriqui, Lindy Booth, Julian Richings, Kevin Zegers, Garry Robbins, Ted Clark, David Huband, Yvonne Gaudry, Joel Harris, Wayne Robson, James Downing

Tief in den Wäldern West-Virginias begegnen sich eine Gruppe junger Touristen und ein Student auf dem Weg zu seinem Vorstellungsgespräch eher unfreiwillig: nach einer Kollision ihrer Autos sind sie, weit abgeschnitten von jeder Zivilisation, gezwungen, nach Hilfe zu suchen. Was sie jedoch finden, ist das pure Grauen in Form einiger Hinterwäldler, die durch langjährige Inzucht entstellt sind, und einen gewaltigen Hunger nach Frischfleisch haben.

Zugegeben: die Geschichte ist nicht ganz neu, wird doch im Film selbst der Klassiker „Beim Sterben ist jeder der erste“ zitiert. Auch vom „Blair Witch Project“ (die Wald-Atmosphäre) und diversen Zombie-Filmen (die „Auferstehung“ der Bösewichte am Ende) wurde einiges entlehnt. Und trotzdem ist die Story so interessant, dass sie von Anfang an zu fesseln weiß. Man kann es kaum erwarten, das erste Mal die „Eingeborenen“, denen übrigens solch faszinierende Namen wie „saw-tooth“ gegeben wurden (siehe End-Credits), zu sehen.

Natürlich weiß man immer genau, wer als nächster sterben wird. Und man weiß auch, dass Jessie und Chris am Ende überleben, und vermutlich ein Paar werden. Aber wen stört das, bei einem solch unterhaltsamen, stellenweise sogar witzigen Film? Man denke nur an den wie wahnsinnig lachenden, auf Bäume kletternden Hinterwäldler, der als erstes den Verteidigungsversuchen der Probanden zum Opfer fällt.

„Wrong Turn“ kommt sehr brutal daher. Da werden Köpfe abgehackt, Körperteile regelrecht ausgerissen und mit Kunstblut wird nicht gespart. Bei diesen Szenen wundert es, dass die FSK nicht härter durchgegriffen hat. Der vergleichsweise harmlose „Terminator“ hingegen wurde bis zur Unkenntlichkeit verstümmelt. Aber vielleicht ist man heute diesbezüglich einfach offener geworden.

Eine Sache fällt dem Genrekenner noch ins Auge, sehr unwahrscheinlich, dass es sich um einen Zufall handelt: In den End-Credits ist der vollständige Filmname der weiblichen Hauptdarstellerin zu lesen: Jessie Burlingame! Den

gleichen Namen trägt die Heldin in der Stephen-King-Geschichte „Gerald's Game“. Warum dies der Fall ist, bleibt unklar. Vielleicht ist dies einfach nur eine Hommage an den „King of Horror“.
Insgesamt weiß „Wrong Turn“ gut zu gefallen, wenn man bereit ist, sich auf einen kurzweiligen Film ohne Tiefgang, dafür aber mit harten Szenen einzulassen.

X-Men: Der letzte Widerstand (X-Men: The last stand)

USA 2006, Länge: 107 Min.

R: Brett Ratner, D: Patrick Stewart, Hugh Jackman, Famke Janssen, Halle Berry, James Marsden, Kelsey Grammer, Ian McKellen, Rebecca Romijn

Der Kampf zwischen Menschen und Mutanten geht in eine neue Runde: anscheinend wurde ein "Heilmittel" gefunden, welches die Mutationen rückgängig machen und ein normales Leben ermöglichen kann. Leider stellt es die Regierung aber nicht frei, ob man diese "Behandlung" mitmacht, denn da die Mutanten im allgemeinen als Bedrohung angesehen werden, sollen natürlich auch alle mit dem Wundermittel behandelt werden. Dass mit dieser Radikalkur nicht alle einverstanden sind, ist fast logisch. Und so schart Magneto (Ian MecKellen), der alte Widersacher der X-Men, eine Armee um sich und erklärt der Menschheit den Krieg. Die X-Men selbst haben aber noch ganz andere Probleme: anscheinend ist Jean Grey (Famke Janssen) doch nicht tot, ganz im Gegenteil, sie hat sogar neue Kräfte erlangt, die sie mächtiger als je zuvor machen. Jedoch lassen sich diese Kräfte weder kontrollieren, noch kann Jean zwischen Freund und Feind unterscheiden...

Brett Ratner, zu dessen bekanntesten Filmen sicherlich "Rush Hour" gehört, nimmt erstmals auf dem X-Men-Regiestuhl platz, und löst damit Bryan Singer ab. Das typische Flair der Comic-Serie ist diesmal mehr denn je zu spüren, was sicherlich nicht zuletzt an einigen neuen alten Charakteren wie "Beast" und "Shadowcat" liegt. Wer Kelsey Grammer alias Frasier nicht zugetraut hätte, das blaue Zotteltier überzeugend in Szene zu setzen, der wird hier eines besseren belehrt. „X-Men 3“ hat darüber hinaus alles, was eine gute Marvel-Verfilmung braucht und was Filme wie zum Beispiel „Spider-Man“ so sehenswert gemacht hat. Die Helden werden gut in Szene gesetzt und das Charisma von Ian "Gandalf" McKellen als zwiegespaltener Bösewicht Magneto steht wohl sowieso außer Frage.

www.ingramcontent.com/pod-product-compliance
Ingram Content Group UK Ltd.
Pitfield, Milton Keynes, MK11 3LW, UK
UKHW021058200726
13857UKWH00003B/996